U0040262

2024

占星
手帳

Astrology Schedule Book

Amanda

前言

「亂」可以說是 2024 的關鍵字。

不知道看到這個字，大家有什麼樣的聯想或反應？

這裡的「亂」可以是世界局勢的混亂，生活層面的紛擾，心情的不寧靜。不過這個「亂」只是一個過程而非結局，我們有機會撥亂反正，突破原本已經僵固的制約。「亂」也意味著我們有更多的機會，就如亂世能夠出英雄，端看你是否看得見先機，是否有勇氣伸手抓住。當我們懂得穿過紊亂的思緒，找到寧靜的終極之道，就可以在個人混沌的內心中，開出屬於自己的那朵花。

除此之外，2024 年也會發生許多事件，激發出我們想要助人的心念，然而卻容易忽略要先照顧好自己。在種種角色：兒女、父母、好友等之前，最重要的角色是「自己」，別忘囉。

在這樣心靈產業當道的時刻，人們難免想找個心靈的依靠，提供我們精神上支持的力量。然而，許多謊言都包裹在精美的糖衣之下；而心靈的依靠也可能成為逃避的樹洞，只是不想為自己的人生負責而找個「大師」來「帶領」自己。這些陷阱都需要我們仔細判斷。飲食需要戒糖身體才能健康，我們的思想層面又何嘗不是如此？參雜著些許真相的謊言，正是最高段位的假話，「不貪求」才能全身而退，平穩度過 2024 年。這裡的不貪求，不光指金錢投資方面，各個領域都適用。

有時候我們會忍不住懷念疫情之前的種種美好生活，但是過去的時光真的回不去了。從 2024 年開始的接下來幾年，整個世界的變化會更加快速且足以顛覆過往。生命之流不停前進，沒有人能夠永遠停留在十八歲，但是我們可以帶著十八歲的美好回憶，邁向二十八，迎接三十八，享受四十八，期待五十八。

Amanda
2024 年 7 月

手帳使用說明 —— 月間曆

● 行星動向
透過行星動向，能幫助我
們了解整體社會的氛圍、
可能發生的事件，乃至於
與個人星盤當中行星的互
動，對於自己在什麼領域
會產生影響。例如：水星
開始逆行之前，最好將電
腦資料及早備份好；在金
星逆行的時刻，省思個人
的金錢運用方式與財務狀
況，構思可以如何調整。

● 當月行星動向一覽

● 個別行星動向

● 水星逆行特別標示

THU	FRI	SAT	SUN
4 三 火星▶摩羯座	5 廿四	6 小寒	7 廿六
	19:40 – 20:39		
1 摩羯座新月	12 初二	13 初三	14 初四 水星▶摩羯座
	10:33 – 11:01		17:58 – 11:28
8 八	19 初九	20 大寒 太陽▶水瓶座	21 十二 冥王星▶水瓶座
02 – 16:11		21:57 – 21:58	
5	26 十六 ○獅子座滿月	27 十七 天王星回復順行 in 金牛座	28 十八
58 – 15:36		05:19 – 03:11	

○ ● 新月 · 滿月

新月時分，適合展開新的計畫或是想要加強的事物，例如：開始新的學習、開始運動健身。滿月時分，適合從事想要減少、排除的計畫，例如：開始戒菸、減輕財務負擔的規畫、展開減重計畫。

● 日食 · 月食

遇到日食，可以思考哪些事務、領域可能受到挫折，以便事先預防。遇到月食，未來一段時間的伴侶關係與人際互動將成為重點，可以多加觀察。

● 月空時間

月亮在空中有其運行規律，大約每兩天半會穿越一個星座。而所謂「月空」，是指「月亮空亡」的期間（moon void of course），代表月亮離開前星座、進入下一個星座前，沒有與其他行星形成新的重要相位。這段時間，月亮對個人的幫助減少，因此重要事項的決定與執行建議可以避開月空時間。

手帳使用說明── 週間曆

● 月亮星座 ●

對照月亮所在的星座，可以得知各方面適合的選項，讓事情更加順利。以下列舉三個方面：

1. 可以得知適合從事的生活大小事宜。例如：月亮牡羊時適合運動健身，月亮雙子時學習新知特別有效，月亮獅子時可以去整理髮型。

2. 依月亮所在的星座可作為飲食參考。例如：月亮牡羊時選擇原味、不經加工的食物，月亮雙子時選擇多樣化的吃到飽，月亮獅子時自己下廚做一頓大餐。

3. 對照月亮所在的星座，留意身體方面的健康。例如：月亮牡羊時需要舒緩頭痛，月亮金牛時留意喉嚨的狀況，月亮天秤時則留意膀胱、腎臟的問題。

● 月空時間 ●

月亮在空中有其運行規律，大約每兩天半會穿越一個星座。而所謂「月空」，是指「月亮空亡」的期間（moon void of course），代表月亮離開前星座、進入下一個星座前，沒有與其他行星形成新的重要相位。這段時間，月亮對個人的幫助減少，因此重要事項的決定與執行建議可以避開月空時間。

8 月 20 日

水瓶座滿月——國際情勢緊張

今日除了水瓶座滿月之外，行運的木星與土星也形成緊密的四分相。近日國際關係的緊張，依舊是眾人關注的焦點。各國之間權力、利益的競爭，或是為了捍衛名譽而不得不為之的奮戰，讓人擔心各種摩擦是否會在轉瞬間演變為激烈的衝突。

連帶物價飛漲的問題也隨之出現，影響到每個人的生活。先不論名牌奢侈品已經瘋漲，就算是採買日常生活用品也會非常有感。

如此的狀態下，反而使得消費市場更加活絡。抱持著開心一天是一天的想法，眾人不停吃吃吃、買買買。重視自己的心情與及時享受人生，當然也是愛自己的表現，關鍵在於尺度的拿捏，適度享受有益於身心，可一旦過度，甚至到了近乎上癮的狀態，對於身體健康及財務狀況都可能造成傷害。

● **新月 · 滿月**

新月時分，適合展開新的計畫或是想要加強的事物，例如：開始新的學習、開始運動健身。滿月時分，適合從事想要減少、排除的計畫，例如：開始戒菸、減輕財務負擔的規畫、展開減重計畫。

● **日食 · 月食**

遇到日食，可以思考哪些事務、領域可能受到挫折，以便事先預防。遇到月食，未來一段時間的伴侶關係與人際互動將成為重點，可以多加觀察。

● **水星逆行特別標示**

● **行星動向**

透過行星動向，能幫助我們了解整體社會的氛圍、可能發生的事件，乃至於與個人星盤當中行星的互動，對於自己在什麼領域會產生影響。例如：水星開始逆行之前，最好將電腦資料及早備份好；在金星逆行的時刻，省思個人的金錢運用方式與財務狀況，構思可以如何調整。

contents

2024 年行事曆・占星資訊

2024 年星座運勢

2024

1
M	T	W	T	F	S	S
1	2	3	4	5	6	7
8	9	10	11	12	13	14
15	16	17	18	19	20	21
22	23	24	25	26	27	28
29	30	31				

2
M	T	W	T	F	S	S
			1	2	3	4
5	6	7	8	9	10	11
12	13	14	15	16	17	18
19	20	21	22	23	24	25
26	27	28	29			

3
M	T	W	T	F	S	S
				1	2	3
4	5	6	7	8	9	10
11	12	13	14	15	16	17
18	19	20	21	22	23	24
25	26	27	28	29	30	31

4
M	T	W	T	F	S	S
1	2	3	4	5	6	7
8	9	10	11	12	13	14
15	16	17	18	19	20	21
22	23	24	25	26	27	28
29	30					

5
M	T	W	T	F	S	S
		1	2	3	4	5
6	7	8	9	10	11	12
13	14	15	16	17	18	19
20	21	22	23	24	25	26
27	28	29	30	31		

6
M	T	W	T	F	S	S
					1	2
3	4	5	6	7	8	9
10	11	12	13	14	15	16
17	18	19	20	21	22	23
24	25	26	27	28	29	30

7
M	T	W	T	F	S	S
1	2	3	4	5	6	7
8	9	10	11	12	13	14
15	16	17	18	19	20	21
22	23	24	25	26	27	28
29	30	31				

8
M	T	W	T	F	S	S
			1	2	3	4
5	6	7	8	9	10	11
12	13	14	15	16	17	18
19	20	21	22	23	24	25
26	27	28	29	30	31	

9
M	T	W	T	F	S	S
						1
2	3	4	5	6	7	8
9	10	11	12	13	14	15
16	17	18	19	20	21	22
23	24	25	26	27	28	29
30						

10
M	T	W	T	F	S	S
	1	2	3	4	5	6
7	8	9	10	11	12	13
14	15	16	17	18	19	20
21	22	23	24	25	26	27
28	29	30	31			

11
M	T	W	T	F	S	S
				1	2	3
4	5	6	7	8	9	10
11	12	13	14	15	16	17
18	19	20	21	22	23	24
25	26	27	28	29	30	

12
M	T	W	T	F	S	S
						1
2	3	4	5	6	7	8
9	10	11	12	13	14	15
16	17	18	19	20	21	22
23	24	25	26	27	28	29
30	31					

2025

1
M	T	W	T	F	S	S
		1	2	3	4	5
6	7	8	9	10	11	12
13	14	15	16	17	18	19
20	21	22	23	24	25	26
27	28	29	30	31		

2
M	T	W	T	F	S	S
					1	2
3	4	5	6	7	8	9
10	11	12	13	14	15	16
17	18	19	20	21	22	23
24	25	26	27	28		

3
M	T	W	T	F	S	S
					1	2
3	4	5	6	7	8	9
10	11	12	13	14	15	16
17	18	19	20	21	22	23
24	25	26	27	28	29	30
31						

4
M	T	W	T	F	S	S
	1	2	3	4	5	6
7	8	9	10	11	12	13
14	15	16	17	18	19	20
21	22	23	24	25	26	27
28	29	30				

5
M	T	W	T	F	S	S
			1	2	3	4
5	6	7	8	9	10	11
12	13	14	15	16	17	18
19	20	21	22	23	24	25
26	27	28	29	30	31	

6
M	T	W	T	F	S	S
						1
2	3	4	5	6	7	8
9	10	11	12	13	14	15
16	17	18	19	20	21	22
23	24	25	26	27	28	29
30						

7
M	T	W	T	F	S	S
	1	2	3	4	5	6
7	8	9	10	11	12	13
14	15	16	17	18	19	20
21	22	23	24	25	26	27
28	29	30	31			

8
M	T	W	T	F	S	S
				1	2	3
4	5	6	7	8	9	10
11	12	13	14	15	16	17
18	19	20	21	22	23	24
25	26	27	28	29	30	31

9
M	T	W	T	F	S	S
1	2	3	4	5	6	7
8	9	10	11	12	13	14
15	16	17	18	19	20	21
22	23	24	25	26	27	28
29	30					

10
M	T	W	T	F	S	S
		1	2	3	4	5
6	7	8	9	10	11	12
13	14	15	16	17	18	19
20	21	22	23	24	25	26
27	28	29	30	31		

11
M	T	W	T	F	S	S
					1	2
3	4	5	6	7	8	9
10	11	12	13	14	15	16
17	18	19	20	21	22	23
24	25	26	27	28	29	30

12
M	T	W	T	F	S	S
1	2	3	4	5	6	7
8	9	10	11	12	13	14
15	16	17	18	19	20	21
22	23	24	25	26	27	28
29	30	31				

台灣國定假日

1/1	（一）	元旦
2/8 ～ 14	（四）～（三）	小年夜、除夕、春節、春節補假
2/28	（三）	和平紀念日
4/4 ～ 5	（四）～（五）	清明節、兒童節、補假
6/10	（一）	端午節
9/17	（二）	中秋節
10/10	（四）	國慶日

香港公眾假期

1/1	（一）	元旦
2/10 ～ 13	（六）～（二）	春節
3/29 ～ 30	（五）～（六）	耶穌受難節、耶穌受難節翌日
4/1 4/4	（一） （四）	復活節星期一 清明節
5/1 5/15	（三） （三）	勞動節 佛誕
6/10	（一）	端午節
7/1	（一）	香港特別行政區成立紀念日
9/18	（三）	中秋節翌日
10/1 10/11	（二） （五）	國慶日 重陽節
12/25 ～ 26	（三）～（四）	聖誕節

2024
YEARLY PLAN

1
JANUARY

- [ ]
- [ ]
- [ ]
- [ ]
- [ ]
- [ ]
- [ ]
- [ ]
- [ ]

2
FEBRUARY

- [ ]
- [ ]
- [ ]
- [ ]
- [ ]
- [ ]
- [ ]
- [ ]
- [ ]

3
MARCH

- [ ]
- [ ]
- [ ]
- [ ]
- [ ]
- [ ]
- [ ]
- [ ]
- [ ]

7
JULY

- [ ]
- [ ]
- [ ]
- [ ]
- [ ]
- [ ]
- [ ]
- [ ]
- [ ]

8
AUGUST

- [ ]
- [ ]
- [ ]
- [ ]
- [ ]
- [ ]
- [ ]
- [ ]
- [ ]

9
SEPTEMBER

- [ ]
- [ ]
- [ ]
- [ ]
- [ ]
- [ ]
- [ ]
- [ ]
- [ ]

4
APRIL

- [ ]
- [ ]
- [ ]
- [ ]
- [ ]
- [ ]
- [ ]
- [ ]
- [ ]

5
MAY

- [ ]
- [ ]
- [ ]
- [ ]
- [ ]
- [ ]
- [ ]
- [ ]
- [ ]

6
JUNE

- [ ]
- [ ]
- [ ]
- [ ]
- [ ]
- [ ]
- [ ]
- [ ]

10
OCTOBER

- [ ]
- [ ]
- [ ]
- [ ]
- [ ]
- [ ]
- [ ]
- [ ]
- [ ]

11
NOVEMBER

- [ ]
- [ ]
- [ ]
- [ ]
- [ ]
- [ ]
- [ ]
- [ ]
- [ ]

12
DECEMBER

- [ ]
- [ ]
- [ ]
- [ ]
- [ ]
- [ ]
- [ ]
- [ ]

2024年度運勢總解析

受到前幾年疫情的影響，許多工作型態都出現了過去想像不到的調整。就算疫情已經趨緩，也不可能回復到與過往一模一樣的生活。參考近幾年的經驗，我們可以預期 2024 年將發展出更新穎的工作模式。當然，科技產品甚至是 AI 人工智慧的介入，已經是不可擋的趨勢，我們需要盡快思考，找出自己有哪些無法被取代的技能，並且專注於強化這個部分。

今年土星會於雙魚座逆行，並再度恢復順行，加上冥王星也因為順逆行的影響，在今年兩次進入水瓶座，各種新興宗教、信仰，可能突然間出現在生活周遭，許多靈性導師、宗教大師也橫空出世。我們不會平白無故把存款交給網路上的陌生人或「理財達人」，同樣的道理，我們也應該重視自己珍貴的思想，不輕易地交給他人來決定。聽聞各種言論後或許可以先沉澱一下，思考之後再形成屬於自己的觀點，並提醒自己擁有一顆開放的心，廣納意見但不盲從。

在心靈搖擺的時刻，各種詐騙行為也推陳出新，利用大家想快速累積財富的心情行騙天下。所以在財務投資方面大家須小心謹慎，我們可能偶爾受到他人請客招待，但不會天天有免費的大餐送上門。記住這一點，面對不合理的誘惑，便能堅定意志而不被欺騙。

冥王星在摩羯座與水瓶座之間徘徊，象徵著持續大規模的清掃與洗滌。各領域將以意想不到的方式汰舊換新，甚至死亡事故都可能頻頻發生。許多地方的戰爭衝突依舊不可避免，地震、海嘯、海水倒灌、降雨成災、地層下陷等問題，也務必嚴加防範。特別是春秋兩季，若沒有特殊原因，盡量避免山區及海邊的活動；航空運輸產業的安全性也要列為觀察重點。

今年度發生在天秤座的月食與日食，將為關係帶來衝突與震盪。你可能看身邊的人處處都不順眼，但這或許只是反映你對自己的某部分不滿意卻又無力改善。藉由這樣的衝突，讓我們體會到想擁有

什麼樣的互動模式，可以先從自己做起，你將會神奇地發現彼此之間的改變。

　　生存危機以及人際關係的衝突，使得憂鬱症、躁鬱症等心理精神層面的狀況，需要投以更多關注。以身體其他器官為例，假設心臟方面有些狀況，我們都知道要尋求心臟科醫師的診治，不是只靠個人意志力就可以復原的。當心理與精神層面出現狀況，自然也是同樣的道理，不需要也不應該自己咬牙苦撐，透過專業人士的協助，才能有效對症治療。

　　生命中的挫折困境，就像是人生路途上的紅燈，提醒我們不要一直悶著頭往前衝。偶爾停下來看看四周的風景，你將看見身邊親友們對你的關懷與支持。等休息夠了，再次上路前行時，我們會知道偶爾一人獨行，有時結伴同遊，一切選擇都自由自在，人生的旅程便可以走得更輕盈更歡喜。

牡羊座
Aries

事業優先，須留意健康

　　牡羊今年不再想只為了生計而勉強自己待在某個職場環境中。如果看到社會新聞或聽聞朋友的消息，有種內心被擊中般的啟發，不妨重新問問自己對於事業有什麼樣的期許？真心想要做的是什麼？想明白後，未來的路要怎麼走也將清楚浮現在眼前。今年轉換跑道的機率不低，就算待在原有環境中，也能以嶄新的思維來面對每天的工作，並期待可以帶來新的結果。

　　相較於對於事業的上心，感情這一塊並非完全放棄，卻也將分配的時間及優先順序往後挪了好幾名。就算遇到心動的對象，也容易保持觀望，沒有太積極追求的動力；如果是對方比較主動，可能就會秉持著不抗拒的態度，試試看再說囉。關係穩定的牡羊，也因為心思不在此，兩人相處的時間明顯減少；難得相聚吃飯時，牡羊的眼睛還緊盯著手機不放。想要抱怨關係不佳之前，最好先想一下自己近期的表現再說吧。

　　另外，健康的議題絕對是今年關注的重點。平時仗著身強體壯，總是餓著肚子先趕工再說，或是撐著疲累不已的身體，也要繼續玩手遊放空一下，殊不知早已一點一滴透支了健康。今年將遇到嚴厲的主考官來做考核，那些已經有症狀、卻總是不加理會的問題，將變得無法忽視，需要直面這些狀況並徹底改善生活作息，來調理、恢復健康。

　　好客又豪爽的牡羊如果有記帳的習慣，將會發現很大一筆開銷都花在與朋友聚餐、招待親戚，或是請同事喝下午茶這些方面。適當的交際應酬費是維繫人脈不可或缺的支出，但如果已經占掉收入的大多數，就得好好省思一下，做出調整，才有機會多存下幾桶金。

金牛座
Taurus

事業心覺醒，展現才華

　　對個人前途迷惘已久的金牛，今年像是突然間睡醒似的，在事業上燃起了新的鬥志，想要試試看如果從現在開始更努力一些、更積極一點，能不能在工作領域拚出一片天。面對上司更嚴厲的要求，心中難免有些挫敗感，可以換個角度，當作一種挑戰；甚至跟自己打個小賭，如果可以完成老闆交代的不可能任務，就獎勵自己一件想了很久的禮物。長期默默耕耘的金牛，將展現出扎實的才華，有機會在專業領域成為新一代的權威。

　　感情上，朋友間將出現若有似無的曖昧。金牛可能會擔心直接表白不利，將會影響友誼，因此雙方一直處於探試的階段。另外，如果想尋找新戀情，通過朋友的介紹，也有機會結識到興趣相近的新朋友。伴侶相處上則進入老夫老妻模式，會將更多心思放在自己的興趣發展方面，容易冷落了伴侶，造成感情上的疏離，兩人甚至退回到朋友關係。可以找找彼此都有興趣的領域，除了保持密切互動、穩定感情外，也有了更多可以聊天的話題。

　　免疫力不佳、身體總有著說不出的疲累，是近年來一直困擾金牛的問題。除了規律作息外，可以多加強肺活量，以及照顧好呼吸器官。當覺得空氣品質不佳時，打開空氣濾淨器、出門戴好口罩，都是保護自己的必要措施。

　　今年投資運並非很理想，雖然有想要積極投資的念頭，但如果沒有充足的相關知識，只是跟著朋友人云亦云地操作，是非常危險的一件事。參考網路上的文章或影片，也要留意其背後是否帶有廣告色彩，不好直接全盤相信而買進，否則很容易血本無歸。保守穩健的投資方式雖然獲利緩慢，卻是更踏實的選擇。

Ⅱ

雙子座
Gemini

為生活創造意義與熱情

雙子今年急迫地想找到工作的意義，否則每天只像個機器人似的，制式化地上下班，就算把工作做完也得不到太多成就感。如果能找到這份工作對你來說特別的意義，就能展現出更多熱情，表現與收穫也將令人刮目相看。而如果想要在事業領域有所突破，不妨多運用過去累積的人脈。就算只是飯局上的點頭之交，也有機會提供關鍵性的幫助。

感情上，雙子一改過去的瀟灑，想要安定下來的念頭強烈。如果只是匆忙想找個對象，或著看誰是剛好在身邊的那個人，就倉促步入禮堂，日後的紛紛擾擾以及種種不開心，最該責怪的是沒有做出正確選擇的自己。如果有想要定下來的念頭出現，可以找個安靜獨處的時間，想清楚什麼樣的對象、什麼樣的個性適合與自己共度一生，想清楚了才能遇見最適合的那個人。而已有對象的雙子，抱持著將伴侶當作最好的朋友這樣的想法來相處，兩人都會輕鬆愉快。

健康方面，建議減少食用生冷食物，以免食材不夠新鮮或料理過程受到污染，而造成嚴重的疾病。如有三高的情況務必定期追蹤、聽從醫囑，改變高糖高脂的飲食習慣。心血管方面的狀況，並不是每次都能幸運地即時治療，相關保健可不能開玩笑。就在今年拿出毅力，徹底改變飲食作息吧，不只身體更健康，從內而來的活力讓整個人散發出光彩與魅力，更加迷人。

所謂富貴險中求，衡量之後覺得口袋不算淺的雙子，在今年不妨看準時機與標的放手一搏，有機會得到驚人獲利，在朋友口中成為傳奇。但也要知道，高風險伴隨的後果，就是稍有差池便會歸零重來。網路的便利讓雙子不用出門也可以買遍天下，在深夜時刻腦波特別弱，國內外網站買不停，將成為財務一大漏洞。

巨蟹座
Cancer

從容面對工作新氣象

巨蟹今年有可能被派任到新開發的單位，或是接觸新型態的工作業務，自己也要求高、求表現，工作上便有巨大的壓力。不如先給自己一些時間，不要匆忙出手，等到上手、熟悉後再開始表現，印象更加分。另外今年也適合找尋事業上的合作夥伴，發揮團隊合作的力量，不用一個人單打獨鬥。經歷過一些磨合期、雙方取得共識後，合作的齒輪就可以迅速轉動。

感情方面有可能受到影視或文學作品的影響，對於戀愛及戀愛對象都充滿美好的想像。如果按照這樣的標準在現實世界擇偶，難度有點高呀。可以有期待，但需要分清楚哪些是不切實際的幻想，才不會錯過良緣喔。今年也可能遇到家中長輩催促結婚生子，還是盡量聽從內心真正的想法比較穩妥，避免日後無止境的懊悔。

在健康方面，巨蟹需要的不是健康飲食、作息的相關知識，而是實際的執行力。若強硬地立刻斷絕所有含糖飲料，可能三天之後就破功，不如先從半糖到微糖開始慢慢減量，或許比較有成效喔。除此之外，如果今年有長期咳嗽久未康復的情況，建議做個詳盡的檢查才好對症下藥，依賴偏方可能延誤治療時間。

投資上則要小心自己耳根太軟，這樣的個性將是今年財務虧損的一大原因。如果遇到朋友表現真誠，告知哪個標的適合投資，就算是巨蟹完全不懂的領域，可能也會閉眼跟著跳下去。今年也意外興起到國外置產的念頭，但除非已有日後移民、移居的計畫，若是純粹投資，當中或許有很多不明瞭的細節，表面並不像廣告那般單純，還是理性且謹慎比較好。

獅子座
Leo

事業高峰，愛神常伴

今年獅子有機會攀上事業的高峰，對於努力已久的獅子來說，隨之而來的名聲及財富都是很大的肯定。當然，只要站在高處，許多層面就會受到更多人關注與檢視，如果過去有些不想曝光的行為及手段，也可能在無預期的情況下公諸於世。而想要轉換跑道的獅子，今年將有不錯的機會，可以跟前同事、老朋友保持聯繫，說不定會有意外的收穫。

今年也是愛神常伴的一年，桃花運旺盛，可能前一晚才找好友哭訴失戀，隔天買午餐就有新的緣分降臨。戀愛對象一個接一個，至於是否有重疊的時間，只有當事人才明白。今年很有可能閃電陷入熱戀，甚至在感情甜蜜的時候決定閃婚，就期待獅子帶給大家驚喜囉。

健康方面，雖說所有人都需要增強抵抗力，但對今年的獅子來說更不能夠輕忽，否則可能因免疫力失調引起過敏、異位性皮膚炎、蕁麻疹等，非常惱人又難根治。事前的防範就顯得格外重要，保持營養均衡，不要為了瘦身而傷到健康；睡眠要充足，再好看的劇，不如夢裡什麼都有。從事瑜伽或靜心冥想能夠有效舒緩壓力，增強抵抗力。

理財方面，今年適合重新檢視目前的投資分配，找出最適合當下的配置組合。適度分散投資可以確保資金靈活運用，並且平均了入手的成本，降低不少風險；然而若過度分散的話，相關保管費、手續費很可能就會吃掉本就不多的利潤。如果不是有很豐富的投資經驗，別想賭一口氣而與明顯的景氣風向對著做，有時辛苦多年賺的利潤，也可能在轉瞬間煙消雲散。真正的專業人士值得獅子參考。

處女座
Virgo

職場危機，情場轉機

　　本以為穩定的工作職場，受到大環境的影響，今年可能遭遇前所未有的危機。減少福利、緊縮待遇都算小事，裁撤人力甚至是結束經營的念頭，也可能出現在老闆的計畫中，這使得處女座在工作上出現前所未有的挑戰。有機會可以試著提前做準備，除了持續關注業界的人資需求、騎驢找馬之外，或許也能在不影響正職工作的前提下，嘗試斜槓的人生，將有機會開創另一片天。

　　感情方面，單身的處女座，有機會透過同事介紹或在工作場合中，認識心儀的對象，所以部門聚會或同業間的聯誼都可以多加參與，暫時遇不到正緣也可以培養一些人脈，對事業也有正面的幫助。感情穩定的處女座，則可能遇到伴侶因工需要出差或是外派的情況。透過科技產品、社群軟體一樣能夠維繫感情，還多了屬於自己的時間與空間，也可以在內心偷偷期待一下。

　　健康上，因工作變化所帶來的壓力將直接影響睡眠品質，長期下來，對於情緒層面、學習表達能力、認知功能等方面，都會造成損害。除了晚間減少咖啡因的攝取之外，睡前一段時間也可以降低使用手機、平板的頻率，再營造舒適的睡眠環境，讓處女座可以徹底放空、放鬆好入睡。

　　有理財習慣的處女座，若依照過去的經驗已經有不錯的獲利，在今年可持續布局，或選擇保守穩定且無須時刻關注的投資項目，以免因忙於事業無瑕隨時緊盯，瞬息萬變的投資市場，很容易就錯失獲利的良機。而主要收入仍來自於工作所得的處女座，可以試著利用閒暇時間兼差打工或發展第二專長，都能夠讓手頭更加寬裕。

天秤座
Libra

告別與抉擇的時刻

對天秤座來說，今年在許多層面都需要說再見，做階段性的告別。事業方面，可能離開目前的公司，跳槽到完全不同的行業；也可能決定提早從職場上退休，好好享受人生；或者礙於大環境不景氣，公司決定不再經營而被動離開等等。另一種情況是，天秤可能仍舊待在原有的職場上，但領導階層大換血，公司政策與氛圍跟過去截然不同；又或是自己打從心底對工作有了不一樣的想法，以全新的心態來面對每天的工作。無論哪種改變，都需要跟過往告別。

感情世界更不遑多讓，天秤可能認清跟戀人並不適合，在結婚前踩剎車；或者已經分手的前任又密集出現在生活中，影響到天秤與現任的互動，甚至再次產生心動的感覺，需要做出選擇。而戀情穩定的天秤，可能欣然決定步入禮堂；又或是身為頂客族多年，基於各種理由決定要孕育下一代；也有機率發現另一半的驚天祕密而大受震撼。

健康方面，今年如有嚴重水腫的情況，可先檢視是否有高鹽分的飲食習慣，抑或是靜脈曲張、心臟、腎臟方面所引起，至家醫科或腎臟科就診來判斷原因。平日可以找好友一起互相打卡，督促彼此保持規律的運動習慣；加上飲食控制，從每天餐後都要來份小點心，減少到一週只有三天的機會等，有望健康地瘦身成功，維持不反彈。

投資運平平，想靠股票成為富豪不是一件容易的事情，除非長期專注學習與操作，否則很難掌握精確的時機；一旦錯過機會，需要好長一段時間才能解套。今年如果手中現金足夠，若有置產計畫不如當作是強迫儲蓄，後續的貸款更能成為激勵賺錢的動力。

天蠍座
Scorpio

直視對未來的焦躁感

　　人生目標明確的天蠍，今年內心將有強烈的焦急感，催促自己不要再蹉跎時光，趕快踏上築夢的路途。或許天蠍收入可觀，卻決定辭掉工作去學做麵包，或是不論幾歲，放自己一個 gap year，去旅行、去做義工、去做身心靈的提升。就算身邊的人不理解、不支持也無所謂，只要自己知道方向沒有錯，就勇敢地上路吧。另外一邊，不清楚人生目標的天蠍，則將陷入濃濃迷霧中，不滿意現況也找不到未來的方向。強烈的茫然將直接影響到工作績效的表現。

　　感情方面，單身的天蠍有機會遇到心靈伴侶，無論對方目前的感情狀態如何，心靈上會有很強的共鳴，有種前世已經熟悉才會在今生相遇的感嘆。戀愛中的天蠍，則會在意兩人互動上是否公平。例如每次約會都由一方付錢，另一方覺得是理所當然；或是已經見過天蠍的家人，但戀人卻沒有介紹天蠍給自己家人認識的想法。種種都會讓天蠍開始思考，這段感情是否要繼續走下去。

　　而由於應酬活動頻繁，時常大吃大喝，今年體重可能直線攀升。不妨嘗試獨自一人也很享受、方便的運動，只要有一點空閒時間，就可以做做運動，控制體重又增進身體的基礎代謝率。今年也須盡量避免從事與水有關的休閒活動，以免忽略了暗藏的危險。若是朋友相約無法推拒，或是真心熱愛水上活動的天蠍，記得定期檢查相關用品，該做的暖身以及天氣、環境的變化，都要多加留意。

　　今年如有新的投資機會，除了參考專業人士的建議外，可以多多聆聽自己內心的聲音。如果出現質疑、猶豫，甚至是些許抗議的情況，就請直接跳過這個選項。透過合作新的事業，也有機會獲得意料之外的財富。

射手座
Sagittarius

留意言行，默默耕耘

　　無論公司風氣或職場文化多麼輕鬆不拘小節，今年射手還是要留意自己的言行表達。就算老闆歡迎大家的建言，在公開場合如部門會議中，也絕對不要直接反駁及頂撞老闆的想法為好。先不論老闆是否真的不在意，這樣的形象傳出去，在其他單位主管甚至同業眼中不見得有加分的效果。不妨減少脫口而出的衝動，默默將事情做好，以結果來證明實力就是今年最好的表達。

　　感情上，終於追求到心儀的對象，難免天天在網路上放閃，想把幸福的感受昭告天下。但要小心「曬恩愛，死得快」，等到日後分手的時刻，再回頭看這些歷史的痕跡，會有些悔不當初。感情穩定的射手，若發覺伴侶近期許多習慣有所改變，可能需要有所警覺。而單身的射手，可能會認為經營感情不如經營財富更實在，當然，若能遇到可以減少奮鬥三十年的對象，絕對會積極主動追求。

　　健康上，有些射手平時沒有運動的習慣，只會偶爾在週末假期當起「假日運動員」的角色。這對健康來說可能造成危害，除了事前暖身以外，要注意別做太過激烈的動作以及超出負荷的運動量。另外，今年如出現突然間心律不整的情況，切勿輕忽請盡快就醫。

　　不甚寬裕的財務狀況已持續一段時間，影響所及徹底改變了射手過去大手大腳的消費習慣。買東西之前會先做比較，選擇最實用、最經典的款式。少部分的射手可結合過去累積的經驗、朋友提供的資訊，以及對時事持續的關注與分析，大膽的投資，將創造非常可觀的利潤。

摩羯座
Capricorn

腳踏實地穩步耕耘

　　眼看身邊朋友都找到事業新目標，今年摩羯的內心生出不小的焦慮感。想要在工作領域更上層樓，就不能心急且粗心大意。仔細、實在地做好手邊負責的工作內容，不貪快不取巧，漸漸就會做出屬於自己的口碑。另外，身處不熟悉的環境中，不用因為怕冷場而急著發言。在不了解其他人身分背景的情況下，你不知道哪句話會得罪誰。寧可塑造出省話的形象，也好過讓人感覺多話且白目。

　　感情上，以結婚為目標來尋找對象的摩羯，可以多展現自己的優勢來增加桃花運，例如臉上帶著親切的笑容，適度地打扮自己，穿著方面多使用柔和的色系等。選擇對象時固然會考慮對方的經濟條件，但也不要忽略了對方與家人之間的關係，可以觀察出日後與其相處時的互動情況。如果因為工作忙碌而忘記另一半的重要節日，不只是口頭上道歉就算了，實際送上說得出品牌的禮物，更能表現出誠意。

　　今年若出現彷若斷片的情況，有可能是睡眠不足，也可能是長新冠的影響。過去如果曾傷及頭部，而在今年出現不明原因的頭痛，更要注意是否為舊疾復發。若症狀持續一段時間，還是要請求專業醫師的協助。另外如果有家族的遺傳性疾病，就算現在沒有任何徵狀，也可以定期進行相關檢查，及早發現問題，贏得治療的先機。

　　財務上，魔羯今年容易以紓解壓力為藉口，在網路上買不停，入手了許多新奇但完全用不到的商品，浪費金錢還要找地方收納，其實是兩頭虧損的行為。當想要衝動下單時，先放下手機，起身找出家裡已經有的類似產品，便能發揮一定程度的遏阻之效。

水瓶座
Aquarius

工作糾結，財運亨通

在事業上，水瓶今年頗希望自己展現出專業且能主導大權的形象。這會督促水瓶深耕人脈，並充實自己的能力；但這樣的期許也成為了包袱，讓水瓶無法奔放表達，有時反而會錯失腦中靈光乍現的創意火花。今年如果有新的工作機會來到面前，可能讓一向很有主見的水瓶，陷入深深的糾結中。如果選擇接受，就需要全心全力地投入；但如果繼續待在現有的舒適圈，雖然輕鬆卻也感覺沒什麼挑戰性。

感情方面，雖然嚷嚷著想談戀愛，卻說不出明確的擇偶標準。朋友想幫忙介紹也不好亂槍打鳥、隨便抓個人來充數吧。不妨先想清楚自己的條件是什麼，以及是真心想投入一段感情，還只是看到朋友們紛紛脫單，所以覺得自己也該要找個伴。想清楚之後才不會閉著眼睛找對象。感情穩定的水瓶，今年在日常生活中時不時會出現主導權之爭，由誰來決定要看的電影、週末假期怎麼安排、領養的寵物叫什麼名字，都可以成為爭論的話題。

今年交通安全值得多做留意，例如：早上不要拖到最後一刻才衝出家門，為了趕最後的打卡時間，往往會貪快而容易造成意外。行進中也最好留意音樂或影片的音量，以免太過忘我忽略了周遭的狀況。除此之外，神經系統，特別是腦神經系統及中樞神經系統的健康需要多加關注。如有無法集中注意力、抽搐、麻痺等情況，更要盡快確認原因，不要拖延。

投資方面，今年屬於大筆財進財出的時刻，在投資市場將有不錯的斬獲，著實是悶聲賺大錢的代表。開心有了鉅額的收入，但可能遇上家裡大型電器用品要汰換、家中裝潢需要翻新，或親戚想要週轉，左手才拿到的進帳，右手很快又交了出去。此時就轉念告訴自己，還好有這一大筆的進帳，才不會造成透支。

雙魚座
Pisces

創業契機來臨

　　從事傳統產業的雙魚，今年將被革新的浪潮推著前進。不想被淹沒，就需要以更積極的態度來面對每天的工作，並且要從守成的角色轉向進攻方，運用靈感構思出嶄新的創意，試著先跨出第一步吧！如有創業的夢想，今年也有不錯的契機。評估後，如果失敗的後果還可接受的範圍內，不妨大膽去嘗試，有機會開創屬於自己的舞台。但如果還需要一位合作夥伴，則要好好慎選。

　　今年如果覺得戀人的控制欲過強，需要認真觀察他是否有成為恐怖情人的傾向。例如：下班時沒有馬上打電話告知，對方就發脾氣，或是穿著打扮都要經過對方的同意等等。如果已經出現暴力行為，一定不能繼續放任對方而成為受害者。另一方面，自己也要避免出現過度控制的情況。伴侶相處抱持著信任與平等的態度，感情才可以走得更甜蜜、更長久。

　　而習慣躺在床上滑手機的雙魚，視力退化的速度將超乎你的想像。如果今年有出現眼睛乾澀、痠痛，看東西覺得變形，甚至是模糊看不清楚時，請立刻放下手機，到眼科就診，拖得越久傷害越大喔。另外，長期姿勢不良也會對脊椎造成很大的傷害，平日多注意姿勢問題，搬東西、撿東西時也要好好蹲下去，保護好身體。如果有背部痠痛、疼痛的情況，也請尋求專業醫師、復健師的協助。

　　理財方面，今年想創造更多財富，要先清楚自己目前的實際狀況，有多少資產或有多少負債。建議透過記帳的方式，幫助雙魚了解錢花到哪裡去了，才知道哪邊可以節省一點，減少無意義的浪費。不妨使用手機 App、這本占星手帳，或是漂亮可愛的紙本帳簿，今年試試開啟新習慣吧。

2024
行星變動・月相總覽

☉ 太陽

日期	移動星座
1 月 20 日	水瓶座
2 月 19 日	雙魚座
3 月 20 日	牡羊座
4 月 19 日	金牛座
5 月 20 日	雙子座
6 月 21 日	巨蟹座
7 月 22 日	獅子座
8 月 22 日	處女座
9 月 22 日	天秤座
10 月 23 日	天蠍座
11 月 22 日	射手座
12 月 21 日	摩羯座

☿ 水星

日期	移動星座
1 月 2 日	〈順行〉射手座
1 月 14 日	摩羯座
2 月 5 日	水瓶座
2 月 23 日	雙魚座
3 月 10 日	牡羊座
4 月 2 日	〈逆行〉牡羊座
4 月 25 日	〈順行〉牡羊座
5 月 16 日	金牛座
6 月 3 日	雙子座
6 月 17 日	巨蟹座
7 月 2 日	獅子座
7 月 26 日	處女座
8 月 5 日	〈逆行〉處女座
8 月 15 日	〈逆行〉獅子座
8 月 29 日	〈順行〉獅子座
9 月 9 日	處女座
9 月 26 日	天秤座
10 月 14 日	天蠍座
11 月 3 日	射手座
11 月 26 日	〈逆行〉射手座
12 月 16 日	〈順行〉射手座

♀ 金星

日期	移動星座
1 月 23 日	摩羯座
2 月 17 日	水瓶座
3 月 12 日	雙魚座
4 月 5 日	牡羊座
4 月 29 日	金牛座
5 月 24 日	雙子座
6 月 17 日	巨蟹座
7 月 12 日	獅子座
8 月 5 日	處女座
8 月 29 日	天秤座
9 月 23 日	天蠍座
10 月 18 日	射手座
11 月 12 日	摩羯座
12 月 7 日	水瓶座

♂ 火星

日期	移動星座
1 月 4 日	摩羯座
2 月 13 日	水瓶座
3 月 23 日	雙魚座
4 月 30 日	牡羊座
6 月 9 日	金牛座
7 月 21 日	雙子座
9 月 5 日	巨蟹座
11 月 4 日	獅子座
12 月 7 日	〈逆行〉獅子座

♃ 木星

日期	移動星座
5 月 26 日	雙子座
10 月 9 日	〈逆行〉雙子座

♄ 土星

日期	移動星座
6 月 30 日	〈逆行〉雙魚座
11 月 15 日	〈順行〉雙魚座

♅ 天王星

日期	移動星座
1 月 27 日	〈順行〉金牛座
9 月 1 日	〈逆行〉金牛座

♆ 海王星

日期	移動星座
7 月 2 日	〈逆行〉雙魚座
12 月 8 日	〈順行〉雙魚座

☽ 月亮

新月

日期	移動星座
1 月 11 日	摩羯座
2 月 10 日	水瓶座
3 月 10 日	雙魚座
4 月 9 日	牡羊座（日食）
5 月 8 日	金牛座
6 月 6 日	雙子座
7 月 6 日	巨蟹座
8 月 4 日	獅子座
9 月 3 日	處女座
10 月 3 日	天秤座（日食）
11 月 1 日	天蠍座
12 月 1 日	射手座
12 月 31 日	摩羯座

滿月

日期	移動星座
1 月 26 日	獅子座
2 月 24 日	處女座
3 月 25 日	天秤座（月食）
4 月 24 日	天蠍座
5 月 23 日	射手座
6 月 22 日	摩羯座
7 月 21 日	摩羯座
8 月 20 日	水瓶座
9 月 18 日	雙魚座（月食）
10 月 17 日	牡羊座
11 月 16 日	金牛座
12 月 15 日	雙子座

♇ 冥王星

日期	移動星座
1 月 21 日	水瓶座
5 月 3 日	〈逆行〉水瓶座
9 月 2 日	〈逆行〉摩羯座
10 月 12 日	〈順行〉摩羯座
11 月 20 日	水瓶座

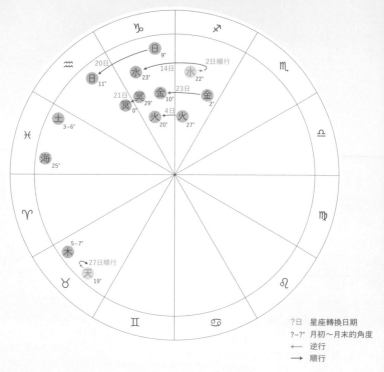

?日　星座轉換日期
?~?°　月初~月末的角度
←　　逆行
→　　順行

運勢總覽

　　本月適合重新檢視自己跟合作夥伴的關係。如果夥伴不能推心置腹，反而要處處提防，想要一起成就事業恐怕是在挑戰不可能的任務。特別是如果察覺對方在金錢的使用上，有了不一樣的想法甚至私心，建議及早提出質疑或終止合作，避免危害持續蔓延。

　　另外，近期我們很容易因為旁人一句無心的話，而陷入糾結、苦惱之中。是否自己太重視人際關係，或是有點敏感？不妨在本月練習讓自己的神經更加粗壯，對精神健康也會有正面幫助喔。

　　感情上，本月想展開新的戀情，就得先走出過去的陰影。過往的經驗不是阻礙，而是一堂好課，調整好心態尋覓更適合自己的對象吧。家中長輩對你感情世界的關注，雖然是一種壓力，卻也可以成為決定步入禮堂的那股助力。

　　投資方面，市場態勢詭譎，許多標的看似新穎有前景，但如果該產業即使進一步探究也無法明白內容，最好先保持觀望的態度，以免大筆資金被套牢。

十二星座月運勢

牡羊座：朋友之間再怎麼無話不說，言談間還是要有尺度，以免自認直爽的話語，卻意外刺傷他人的心，牡羊也會有點受挫。如有進修計畫將有好機會邁出步伐，不妨透過學習進入新的領域，充實自己的能力，也讓生活更有趣。

金牛座：工作上壓力依舊持續，雖然老闆對業務績效也有要求，但主要壓力來自金牛的自我堅持。想到過去失敗的經驗，便希望可以拿出更理想的表現，無形之中給了自己很大的壓力。盡量避免透過購物來紓壓，以免事後懊悔。

雙子座：本月需要留意溝通技巧。想要讓工作進行得更順利，除了專注於追求績效，還需要考量到合作夥伴的利益，才能成事。單身的雙子可能在意想不到的狀況下，出現大力追求的愛慕者，對方熱情的態度確實讓雙子享受當下時光。

巨蟹座：多發揮團隊合作的力量，將取得工作表現的成功，主管也會賞識巨蟹的領導能力。投資上可多方布局，不僅限於單一商品，將有不錯的績效表現；持續關注做出靈活判斷，真正落袋為安的數字，讓巨蟹夜晚做夢都會笑著醒過來。

獅子座：對於工作前景再次陷入迷惘，想要轉換跑道卻不知道哪個領域才適合自己。不妨跟稍微年長一些的朋友們聊一聊，看看在對方的眼中，獅子有哪些天賦才華，或許可以找到一些靈感與方向。本月開銷有點大，需要理性消費。

處女座：伴侶相處上容易因為太過熟悉，反而忽略了聆聽對方當下的心聲。不只處女座認為伴侶不懂我，另一半也會有同樣的想法。將內心感受說出來，才是展開互動的起點。若有家族遺傳性病史，記得持續追蹤觀察，切莫輕忽不在意。

天秤座：見到身邊的友人或同事條件與自己相仿，卻有更好的工作成就，天秤心裡難免出現嫉妒的念頭。可以提醒自己，與其將時間、心力耗費在這些情緒上，不如利用這樣的想法，轉化為督促自我的動力，去增加自己的實力會更實在。

天蠍座：本月受到主管賞識，可能被賦予更多業務，這時就需要稍微調整判斷角度或做法。如有長期疲勞或抵抗力不佳的情況，除了調整作息外，也可以考慮交給醫師檢查，獲得專業的判斷，不必用網路上似是而非的資訊嚇自己。

射手座：可能遇到前任再次回頭。如果對於目前的感情狀況感到滿意，就要穩住自己的內心，真正放下過去，以免兩邊不討好，把生活弄得一團糟。如果希望事業上有不一樣的表現，要先做出調整與改變，才能期待未來有嶄新的收穫。

摩羯座：對工作上的規畫有許多念頭與想法，但礙於現實的情況無法在此刻做出大幅的改變。就先將眼前的事情做好吧，也算是累積經歷的一環。重拾規律的運動，除了提升基礎代謝、有效控制體重外，也有助於改善睡眠品質喔。

水瓶座：本月有機會被委任新的工作業務，或許是公司新設置的單位，或需要外派到其他城市開疆拓土。水瓶有些許焦慮但更多的是興奮，想嘗試看看，也算是對自己能力的一次檢核。如果有穩定對象，則需要好好跟對方溝通來取得支持。

雙魚座：與老朋友曾發生過一些事件，就算表面無所謂，卻也造成心結。本月有機會彼此好好說出原委及心情，解開誤會真正放下過去。這對雙魚來說是非常重要的一件事，不僅可以原諒對方，更寬恕了自己，心情得以自由起來。

01

JANUARY
2024

MON	TUE	WED
1 元旦 二十	**2** 廿一	**3** 廿二
	水星回復順行 in 射手座 →	07:36 — 08:46
8 廿七	**9** 廿八	**10** 廿九
04:21 — 05:08		02:24 — 09:33
15 初五	**16** 初六	**17** 初七
	12:32 — 12:48	
22 十二	**23** 十三 金星▶摩羯座	**24** 十四
	04:39 — 05:50	
29 十九	**30** 二十	**31** 廿一
	07:19 — 16:04	

2

M	T	W	T	F	S	S
			1	2	3	4
5	6	7	8	9	10	11
12	13	14	15	16	17	18
19	20	21	22	23	24	25
26	27	28	29			

THU	FRI	SAT	SUN
4 廿三 火星▶摩羯座	**5** 廿四 19:40 — 20:39	**6** 小寒	**7** 廿六
11 十二月 ●摩羯座新月	**12** 初二 10:33 — 11:01	**13** 初三	**14** 初四 水星▶摩羯座 17:58 — 11:28
18 初八 16:02 — 16:11	**19** 初九	**20** 大寒 太陽▶水瓶座 21:57 — 21:58	**21** 十一 冥王星▶水瓶座
25 十五 06:58 — 15:36	**26** 十六 ○獅子座滿月	**27** 十七 天王星回復順行 in 金牛座 05:19 — 03:11	**28** 十八

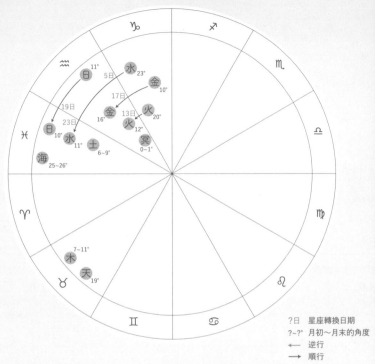

?日　星座轉換日期
?~?°　月初～月末的角度
←　　逆行
→　　順行

運勢總覽

　　本月我們將對工作有嶄新的想法,並且有機會克服身邊的種種阻礙。腳步雖然略顯緩慢,卻能堅定地朝著規畫的方向前進。而如果有人仍舊冀望回到過去的榮光,將會遭遇到嚴峻的考驗,並伴隨強烈的挫折感。不妨以過往的經驗為基石,輔以全新的思維及做法,才有辦法邁向充滿變化的未來。

　　感情上,本月容易戴著粉紅色夢幻濾鏡看待戀人,覺得對方處處美、樣樣好,就算身邊朋友發出好意的提醒,也聽不進去,只覺得朋友是出於嫉妒才會這樣說。這樣確實享受了一段心情美好的時光,但當日後意識到對方真實的模樣,落差過大衝擊可不小,需要一段時間才能平復心情。

　　健康狀況反反覆覆出現,確實很惱人,也讓人容易想放棄。但都努力這麼久了,這時放棄多划不來。不如試試看真正改變飲食習慣以及生活作息,說不定會有驚喜出現。

十二星座月運勢

牡羊座：越是簡單的事情，越不容易做得「好」。除了把每天的工作都做完，試試多花些心思將其做得更完善，有機會得到上司讚許，自己也會非常有成就感。戀人之間總是為了相同的事情而爭吵，要嘛就徹底放手，要嘛就做出改變吧。

金牛座：無論是公司同事還是親密伴侶，本月都容易出現嚴重的溝通障礙，簡直像身處不同的次元世界裡，無論記憶還是對話都沒有交集。先不要急著翻舊帳找證據，解決眼前的事情才更為實際。熬夜過度將造成內分泌失調的問題。

雙子座：上個月的聚會活動太多，導致這個月需要支付的帳單金額，讓雙子看了好幾遍來確認有沒有看錯。需要暫時改掉隨便亂買東西的習慣，才能不致透支。感情上需要多一些信任，不要什麼事情都抱持懷疑的態度，對感情才有正面幫助。

巨蟹座：工作上可能出現意料之外的變化，讓巨蟹受到不小的打擊，心中也產生強烈的不安全感。職場上的競爭也更加激烈，因為大餅有限，人人都想搶到心中最滿意的那塊。就算沒有害人之心，防人之心也千萬不可以沒有喔。

獅子座：職場上將遭遇快速的變遷，例如部門才迎接了新同事的加入，還沒有熟悉對方的名字就聽聞轉調單位的消息等。外在變化無法抗拒，只能拿出更多的彈性來適應了。想要兼顧工作與家庭，就必須先列清楚各項事務的優先順序。

處女座：經歷過前段時間工作上的低潮，本月終於能打起精神重新振作。長遠來看是否要轉換工作環境，不如留給日後再深思，現階段可以先將手上的業務技巧掌握好，才是真正屬於自己的能力。財務投資需要靜觀其變，理性分析後再出手。

天秤座：家人間的互動有點緊繃，其實也不是什麼天大的事情，但各自都從自己的角度來思考，又為了面子而不願意先低頭，因此陷入了一場莫名的僵局。健康方面，多補充膳食纖維，既可增加飽足感，對腸道的健康也有幫助。

天蠍座：本月就像站在人生的十字路口，許多事情都面臨抉擇。現實的情況使天蠍不得不走出舒適圈，以更為實際的方式，朝心中的理想繼續前進。當情緒壓力過大，可以在睡前聆聽古典文學作品的有聲書，或許能得到不同的釋放與啟發。

射手座：業務能否順利進行，關鍵在於合作夥伴間的溝通，不能只是應付般的通知，而需要真正藉由交流而取得共識。想跟戀人有不一樣的互動，必須調整相處的模式；再追根溯源，雙方需要從信念、想法上改變，否則自然會重複同樣情節。

摩羯座：工作上有點一意孤行的態勢，當旁人不看好摩羯的想法，反倒激發魔羯的決心，想做出成果讓大家看見。投入工作中，容易造成三餐不定時的情況，可以在早上就準備好中午的輕食，或是放些零嘴在身邊，避免長期空腹的影響。

水瓶座：遇見難得心動的對象，燃起了不顧一切直接告白的衝動。每天出門前可以再稍微多做打扮，展現出精氣神與好氣色，可以增添水瓶的獨特魅力。先檢視目前的財務狀況，了解資產與債務的比例，才能做出合適的投資計畫。

雙魚座：期待已久的旅遊計畫因故無法成行，使得雙魚心情有些低落。可以趁此機會邀約許久沒見的朋友，就算只是一起喝個下午茶，也能夠重溫情誼，感受到友誼的美好。過度依賴另一半而事事都要對方處理，長久下來會造成對方的壓力。

02

FEBRUARY
2024

日	2/19 ▶ 雙魚座	
水	2/5 ▶ 水瓶座	
	2/23 ▶ 雙魚座	
金	2/17 ▶ 水瓶座	
火	2/13 ▶ 水瓶座	
木	金牛座	
土	雙魚座	
天	金牛座	
海	雙魚座	
冥	水瓶座	

MON	TUE	WED
5 廿六 水星 ▶ 水瓶座	**6** 廿七 13:06 — 20:08	**7** 廿八
12 初三 20:31 — 21:25	**13** 初四 火星 ▶ 水瓶座	**14** 西洋情人節 初五 18:20 — 23:02
19 雨水 太陽 ▶ 雙魚座 11:20 — 11:24	**20** 十一	**21** 十二 14:37 — 21:40
26 十七 15:35 — 22:29	**27** 十八	**28** 和平紀念日 十九 02:21 —

3

M	T	W	T	F	S	S
				1	2	3
4	5	6	7	8	9	10
11	12	13	14	15	16	17
18	19	20	21	22	23	24
25	26	27	28	29	30	31

2
月

THU	FRI	SAT	SUN
1 廿二	**2** 廿三	**3** 廿四	**4** 立春
	17:03 — 04:36		11:24 — 14:27
8 小年夜 廿九	**9** 除夕 三十	**10** 春節 正月 ●水瓶座新月	**11** 初二
15:52 — 21:59		06:59 — 21:42	
15 初六	**16** 初七	**17** 小年夜補班 初八 金星▶水瓶座	**18** 初九
		23:00 — 03:39	
22 十三	**23** 十四 水星▶雙魚座	**24** 元宵節 十五 ○處女座滿月	**25** 十六
		12:18 — 09:37	
29 二十			
— 11:09			

▍春季運勢

觀看春分圖，諸多行星齊聚第十宮；行運冥王星位於水瓶座，與月亮形成了相位。年度開始，我們總會期待公司領導階層或是各個掌權的機關都能夠有所建樹，但有時候「不作為」其實也是一種「作為」。當實際情況與期待落差過大時，有人就可能會選擇離職或採取更激烈的手段。

新冠疫情看似逐漸趨緩，許多人在生活中已經忘記有新冠病毒這件事。但站在占星學的角度，行運的海王星位在雙魚座尾巴，與進入牡羊座的太陽形成了合相。這提醒我們，不能對病毒的影響掉以輕心，無論是原有的 Covid-19 病毒，或是其他新型的病毒。黃帝內經有言：「上工治未病。」預防勝於治療，不用等疫情惡化再來找尋解決的辦法，可以多多思考如何提升個人免疫力，做好日常的防範。

▍事業

眾人在本月會對工作事業有更多重視，畢竟這直接影響生計，工作內容、事業體的展望都會直接影響薪資所得以及日常生活的品質。大家願意付出更多的心力，來符合公司的業務目標。然而我們需要注意夢想與現實的差異。許多產業勾勒出美好的願景，讓人不禁開始做起美夢，但現實中卻面臨前所未有的挑戰。蓬勃朝氣與希望，總伴隨著未知的冒險與種種不確定。所謂開弓沒有回頭箭，我們已經站在嶄新時代的浪潮上，只能以靈活的思緒及應變能力乘風破浪，以期到達更美好的天地。

▍感情

面對感情，許多人既期待又怕受到傷害。等待新戀情降臨的朋友，或交往中的戀人，對於兩人世界充滿著美好想像，卻容易忽略實際生活並非天天捧著調酒、吹著海風、享受陽光的洗禮，而是非常接地氣的柴米油鹽醬醋茶。當天仙落入凡間的時候，能否接受對方真實的一面，將成為近期感情世界的考驗。感情穩定的伴侶，則需要留意溝通的議題。相處久了覺得太了解對方，許多事情反而不會說出來，就期待對方應該要明白。一旦沒有得到預期的反應，不開心與衝突就此展開。

▍財運

來到了悶聲發大財的時刻，越是低調謹慎進行財務投資的朋友，獲利往往越可觀。而那些有一點利潤就嚷嚷，希望全世界都知道的人，往往背後帶有更多利益考量，或許希望吸引一些代為操作的對象。而各種股友社團或投資群組良莠不齊，卻異常蓬勃發展，假冒名人行騙更是屢見不鮮。這時心態就相當重要，不貪心就不容易受騙。人人都想賺大錢，但建議走正途才是最佳途徑，以正當的方式賺取應得的財富吧。

▍健康

空氣污染的問題已經嚴重到無法忽視，因確診新冠而造成肺部損傷的朋友，可能出現較為明顯的後續影響。出門是否要繼續戴口罩是個人的選擇，但如果空污情況嚴重時，戴上口罩確實能讓呼吸道稍微舒適一些。水質污染的狀況也逐漸影響到日常生活，這個議題的嚴重程度可大可小，如果無法及時有效抑止，涉及到的層面將難以想像。如果能力所及，不妨添購空氣清淨機及過濾水質的設備。

春分

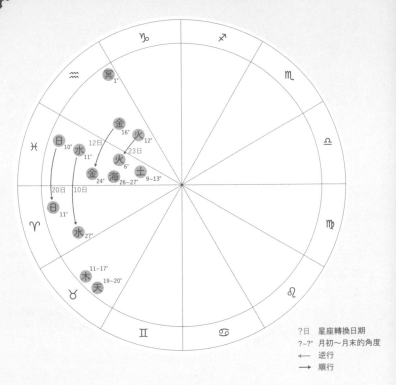

?日　星座轉換日期
?~?°　月初～月末的角度
←　逆行
→　順行

運勢總覽

　　本月底將迎來今年度第一次月食，影響所及，我們會更在乎跟親近的人之間，人際互動上是否公平。例如：每次好友相聚都習慣由某一人出錢請客，就算對方經濟條件較好，難免感覺不公平；或是伴侶相處上，家事誰做得多誰做得少，都可能引發抱怨與爭執。透過這些生活中的事件，讓我們有機會調節相處的模式，讓互動更加輕鬆。

　　社會層面也是如此。消費者權益再次受到關注，支付的費用與獲得的勞務是否對等？又或是花錢就是大爺的心態是否需要調整？無論在辦公場合中，還是個人的社群網站上，發言都要更加謹慎。總有人拿著放大鏡在檢視，只要抓到一些瑕疵或語病，容易被大肆抨擊，且不論當事人要表達的真意是什麼。所謂「造謠一張嘴，闢謠跑斷腿」，事後為了捍衛自己，一再澄清，非常勞心勞力，因此抒發心情時最好三思而後行，並且留意相關用字遣詞。

十二星座月運勢

牡羊座：心中的烏雲揮之不去，低落的情緒也影響到生活的動力，嚴重時甚至可能出現極端的念頭。當覺察到這樣的狀況，建議尋求專業心理師或醫師協助。也可以利用年假安排一場悠閒的旅程，行程輕鬆不匆忙，徹底放鬆心靈。

金牛座：工作層面出現兩種極端，一部分的金牛找到了事業目標，渾身充滿鬥志，每天都迫不及待進入辦公場合來好好打拚。而另一部分的金牛則再次陷入事業前途的迷霧中，知道自己擁有別人尚未察覺的才能，卻苦無發揮的機會。

雙子座：堆積如山的工作，可以先條列出每天要做的待辦事項及順序，才不會有所遺漏，並以最有效率的方式完成。面對家中長輩的殷殷期望，如何婉轉但堅定地說出自己的人生目標，是一件不容易卻需要去克服的挑戰。

巨蟹座：巨蟹說話直接的爽朗個性，本月可能會因為太過於直白、沒考慮到他人，而在不經意間傷害到身邊的人，甚至影響到個人緣。嘗試大膽的財務投資前，需要先想清楚能夠承受虧損的底線在哪裡，而非盲目聽從旁人意見就跟進。

獅子座：擔任主管的獅子，需要完成上層交付的業務，更要面對率領年輕世代的考驗，有種腹背受敵的無奈。想透過運動來強健身體，記得該準備的專業用品不可少，可以避免運動傷害的發生，也能為打扮增加亮點。

處女座：投資方面將大有斬獲，也樂於跟家人一同分享，聚餐時大方買單，或替家人更換家中大型電器用品，將賺到的錢花在有意義的地方，是一件更快樂的事。如有身體不適的情況，就趕快就醫確認實際的狀況，不要暗自猜測自己嚇自己。

天秤座：工作將得到初步的成果，真的讓天秤很開心，但如果還沒到真正完工的時刻，最好稍微收斂一下歡欣的氣氛，以免身旁小人因嫉妒而從中作梗阻撓事情的發展。下班後的活動眾多，體重失控的問題成為天秤們近期的苦惱。

天蠍座：戀情受到一些考驗，另一半因為個人家庭的事務，情緒比較煩躁，讓天蠍時不時像是掃到颱風尾似的，間接也承擔了許多負面情緒。當發現伴侶出現情緒化反應時，表達關心也同時給對方空間，或許是更明智的做法。

射手座：週末假期不妨打掃一下居家環境，把久未使用的空瓶罐、過季不再穿的衣服等打包送回收，當空間煥然一新，心情跟精神也有了像是洗了個澡一般的神奇感受。睡前喝杯小酒，或聆聽喜愛的音樂，都可以有療癒疲累的效果。

摩羯座：心中的夢想有了更明確的規畫，可以暫時將這份渴望放在心中，再努力一段時間，等有了更具體的雛形後再讓身邊的人驚艷。與人聯絡時建議留下明確的文字說明，降低雙方誤解的機率。每天攝取足夠的水分才能保持肌膚的Q彈喔。

水瓶座：想要脫單的水瓶，本月分可要抓緊機會，可以積極參與各項邀約活動，拓展人脈同時也多一些結交新朋友的機會，說不定命中註定的那朵桃花就在其中。喉嚨及肺部的保健需要多用點心，當覺得有不適的情況盡快就醫不要拖延。

雙魚座：如何維護自己的權益，成為近期努力的目標。例如在公司裡面，每次外派出差都先想到雙魚，但可能只是因為目前沒有小孩或家累；又或是同事遇到不想處理的工作，就以哀兵政策拜託雙魚幫忙。我們做好人但不要成為濫好人。

03

MARCH
2024

日	3/20 ▶ 牡羊座	
水	3/10 ▶ 牡羊座	
金	3/12 ▶ 雙魚座	
火	3/23 ▶ 雙魚座	
木	金牛座	
土	雙魚座	
天	金牛座	
海	雙魚座	
冥	水瓶座	

MON	TUE	WED
4 廿四	**5** 驚蟄	**6** 廿六
	23:40 — 05:15	
11 初二	**12** 植樹節 初三 金星 ▶ 雙魚座	**13** 初四
03:45 — 08:19	19:07 — 08:28	
18 初九	**19** 初十	**20** 春分 太陽 ▶ 牡羊座
		02:52 — 03:32
25 十六 ○天秤座滿月（月食）	**26** 十七	**27** 十八
— 04:37		07:08 — 17:02

4

M	T	W	T	F	S	S
1	2	3	4	5	6	7
8	9	10	11	12	13	14
15	16	17	18	19	20	21
22	23	24	25	26	27	28
29	30					

THU	FRI	SAT	SUN
	1 廿一	**2** 廿二 15:47 — 21:56	**3** 廿三
7 廿七 03:35 — 08:38	**8** 婦女節 廿八	**9** 廿九 02:55 — 09:03	**10** 二月 水星▶牡羊座 ●雙魚座新月
14 白色情人節 初五	**15** 初六 06:29 — 11:15	**16** 初七	**17** 初八 12:42 — 17:40
21 十二	**22** 十三 14:33 — 15:41	**23** 十四 火星▶雙魚座	**24** 十五 23:49 —
28 十九	**29** 青年節 二十	**30** 廿一 23:39 — 03:51	**31** 復活節 廿二

3月

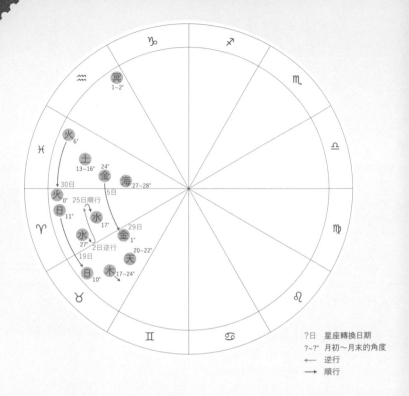

?日　星座轉換日期
?~?°　月初～月末的角度
←　　逆行
→　　順行

運勢總覽

　　水星於牡羊座展開逆行，緊接著又有牡羊座日食，都在提醒我們，生活中衝動的表達、那些未經思考就脫口而出的話語，對於人際關係將帶來難以想像的傷害，並且在無形中樹立了敵人。

　　本月投資市場可能出現震盪性的表現，定力不夠的人，可能就會貿然投入，選擇了錯誤的投資標的，或者錯估情勢，都可能讓自己入住海景套房。想要快速累積財富，仍需要配合個人實際的資金狀況，來選擇適合自己的方式。

　　在本月「夢想」的重要性也會被廣泛地討論。如果能夠找到心中那份渴望，並為之付出努力，是一件很幸福的事。只是要想清楚，你心中的夢想，究竟是內心長期的追尋，還是逃避現實壓力的烏托邦？

　　我們也會特別感受到宗教與藝術的影響力，畢竟混亂的時代更需要精神支持的力量。最好的狀態或許是信而不迷，並且在接觸的過程中，察覺到自己產生的美好力量。

十二星座月運勢

牡羊座：本月其實可以設定一個不算低的目標，藉此激發出更多動力及能力，例如通過某項艱難的考試資格，或達到一定的業務績效。為了目標努力奮鬥的同時，自己的身體健康也要顧及到，千萬不要為了拚事業拚前途而犧牲健康。

金牛座：同事之間流言蜚語不斷，無論是否與金牛有關，都會影響到上班的情緒。建議盡量保持中立的態度，即使旁人聊得起勁，也不要輕易發表自己的想法，以免日後被劃分派系，就算覺得很無辜，也需要花費好多心力才能撕掉標籤。

雙子座：家人間可能出現嚴重紛爭，想要撒手不管卻很難置身事外。如果涉及到整個家族甚至是過往祖先的事情，要有長期抗戰的心理準備。投資布局除了快速獲利的標的外，也可以考慮把部分資金放在穩健的中長期產業，確保日後的收益。

巨蟹座：伴侶之間互動順暢，能夠將心事與另一半分享並得到相當的收穫。單身的巨蟹則可以多參加戶外活動，發自內心對身邊人的關懷照顧，將散發無窮魅力。想要轉換心情時不妨去修剪一下頭髮，或是變化一下髮型，都很有幫助。

獅子座：一天到晚看到創業致富或打拚成功的影片，使得獅子的內心既羨慕又焦躁，多希望下一個現身說法的人物就是自己。不如利用這股驅動力，找出適合自己發展的領域，並充實相關能力及資歷，替未來的成功做好打底的功夫。

處女座：雖說守護星水星本月幾乎都在逆行，處女座朋友也可以趁此機會放慢腳步，以不同的角度來檢視生活中的各個層面，將有意想不到的收穫。例如：調整長期以來的飲食習慣，讓自己吃得開心又健康。

天秤座：想要度假休息的念頭強烈，如果還有年假且處理完具時效性的工作，不妨規畫一場說走就走的旅行。無須事先做好鉅細靡遺的行程計畫，帶有一點未知挑戰說不定有意想不到的樂趣。當家人出現爭吵時，先閃一邊保平安為佳。

天蠍座：發生在朋友身上的事件，觸動天蠍過往不愉快的回憶，如果持續幾天都無法排解，可以找信得過的朋友傾吐一番，不要自己悶在心裡。現在的你充滿力量，已不是當年那位年少無知、沒有歷練的人了，多一些對自己的肯定吧。

射手座：雖然即將入袋的收入豐厚，也要留意一下要繳的帳單，當兩者出現時間差的時候，可能會造成無錢可運用的苦惱。內勤工作的射手，或是下班後就癱在沙發上的射手，需要留意因缺乏活動而出現身體循環系統方面的狀況。

摩羯座：近期對事業的規畫又出現了許多新的想法，需要先捋清紛飛的思緒，找到心中的定見，才好做出相因應的調整。身體健康出現一些狀況時，不要給自己過大的壓力，放寬心並配合醫師的建議，正面的態度就是最好的良藥。

水瓶座：如果需要外派出差，該準備的工作資料務必再三確認，以免到了外地才發現有所遺漏，需要臨時找同事支援，既欠了人情又會手忙腳亂，影響表現。本月較多心思都放在工作上，戀人受到冷落難免會有抱怨，需要多哄一下。

雙魚座：小心發生識人不清的情況，錯把會四處散布流言的人，當作是可以推心置腹的朋友。除了煩惱個人私密的消息流傳出去，更讓雙魚揪心的是受到朋友背叛的傷害。與他人互動時，記住幾分交情就說幾分的話，減少慘事發生的可能。

04

APRIL

2024

日	4/19 ▶ 金牛座	
水	4/2 ▶（逆）牡羊座	
	4/25 ▶（順）牡羊座	
金	4/5 ▶ 牡羊座	
	4/29 ▶ 金牛座	
火	4/30 ▶ 牡羊座	
木	金牛座	
土	雙魚座	
天	金牛座	
海	雙魚座	
冥	水瓶座	

5	**MON**	**TUE**	**WED**
M T W T F S S 　　　1　2　3　4　5 6　7　8　9　10　11　12 13　14　15　16　17　18　19 20　21　22　23　24　25　26 27　28　29　30　31	**1** 愚人節 廿三 08:15 — 12:05	**2** 廿四 水星逆行 in 牡羊座	**3** 廿五 13:40 — 17:07
	8 三十	**9** 三月 ●牡羊座新月（日食） 10:38 — 19:23	**10** 初二
	15 初七	**16** 初八 07:22 — 10:23	**17** 初九
	22 十四	**23** 十五 07:23 — 23:19	**24** 十六 ○天蠍座滿月
	29 廿一 金星▶金牛座	**30** 廿二 火星▶牡羊座 23:18 — 23:19	

THU	FRI	SAT	SUN
4 清明 清明節 兒童節	**5** 廿七 清明連假 金星▶牡羊座 `13:39 — 19:12`	**6** 廿八	**7** 廿九 `16:26 — 19:24`
11 初三 `18:03 — 20:58`	**12** 初四	**13** 初五 `22:45 — 01:44`	**14** 初六
18 初十 `20:02 — 22:10`	**19** 穀雨 太陽▶金牛座	**20** 十二	**21** 十三 `08:19 — 11:08`
25 十七 水星回復順行 in 牡羊座	**26** 十八 `07:16 — 09:36`	**27** 十九	**28** 二十 `15:30 — 17:37`

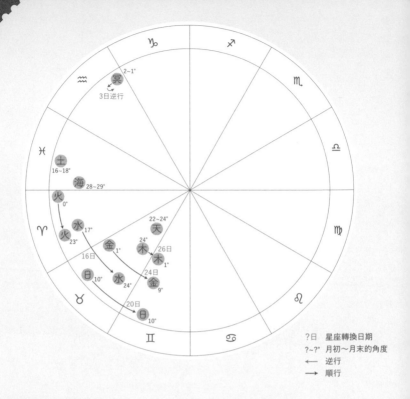

?日　星座轉換日期
?~?°　月初～月末的角度
←　　逆行
→　　順行

運勢總覽

　　身為學生黨的朋友們，這段時間千萬不要因為精彩的社團生活、甜蜜的感情等外務，忽略了該做的報告及考試的準備，否則老師的大刀可是會無情地砍過來。工作場合中也需要多些準備，如果有需要向主管、同事報告業務，可以準備好相關資料，先行在家中演練幾次，屆時會更從容有餘裕。

　　當工作遇到瓶頸，正好提醒我們哪些環節還需要加強，趁著行運的木星進入雙子座，正好有不錯的進修機會，可以找到合適的管道來充實自我。本月各種小道消息滿天飛，大家似乎已習慣不經查證就隨手轉發，就算假消息傷害到他人也毫不在意。如果你懂得先確認消息真偽再判斷，就能站在制高點。

　　各種資訊的存活期間更為短暫，快時尚再次成為風潮。在此類循環中的朋友，需要不停推陳出新，才能保持活躍度。光譜的另一端，也有人回歸單純簡約的慢生活，兩者沒有優劣之分，選擇自己享受的方式就好。

十二星座月運勢

牡羊座：找到了想要努力的方向，每天都充滿興奮感，前段時間萎靡不振的情緒一掃而空。時常晚睡熬夜的牡羊，需要留意免疫力過低帶來的影響，補充營養品倒是其次，真正需要改善的還是生活作息。感情穩定，開始考慮結婚事宜。

金牛座：接觸到許多嶄新的工作體驗，無論是新的合作夥伴，還是業務內容，都需要更開放的心態及積極的參與態度，才能加快上手的速度。伴侶間不是只把話說出來就算了，更要耐心說清楚，並且取得雙方共識，才是有效的溝通。

雙子座：明明手頭上的工作已經接近該完成的時間，卻沒有想要動手開工的情緒，心情越來越焦躁，卻又繼續拖延著。本月也容易因為自己煩雜的情緒，遷怒身邊親密的友人，影響彼此的友誼，還可能損及雙子的口碑與人緣。

巨蟹座：不管多信任一起打拚事業的夥伴，合作事業的金錢進出一定要清楚明白，才能夠避免後續許多困擾。而如果彼此對事業經營有了截然不同的計畫，好聚好散也是智慧的展現。伴侶之間若失去信任，事事疑神疑鬼非常影響感情。

獅子座：當一段不適合的關係走到盡頭，各種意見不合、口角衝突、關係的撕裂都是非常耗費精神的舉動。換個角度思考，此時也是彼此邁向各自新生活的開始，有機會尋覓到更自由的天空、更適合的對象，也不全然是一件壞事。

處女座：感情穩定的處女座，會考慮一起置產或有結婚計畫。單身的處女座則認為當下的生活非常充實，並擁有高度的自由，想上課進修就去報名課程，想出國旅行就規畫行程，無須煩惱另一個人是否能夠配合，挺滿意目前的生活。

天秤座：老闆在言談間給予大家許多發揮空間，事實上卻暗中主導了重要項目的決定。如果在可接受的範圍內，就聽從上層的決定，不要傻傻地據理力爭，這樣只會破壞自己在主管眼中的形象。本月容易攝取過多含糖飲品，小心體重攀升。

天蠍座：職場上漸漸可以獨攬大權，上司也肯定天蠍的能力，放手更多的權責讓天蠍來負責。此舉當然會引起某些人的嫉妒，開始在背後說些莫須有的閒話。真的太過分當然需要闢謠，否則無須理會，將時間拿來充實自我，日後更有收穫。

射手座：就算面對繁重工作所帶來的壓力，只要能在下班後跟戀人或朋友相聚，聊聊最近生活的點滴，分享各種心情，就能紓解許多疲累。本月也有機會付出自己的愛心，幫助有需要的人，過程中讓射手感到喜悅。

摩羯座：考驗個人信念的時刻，不管是宗教方面的信仰，還是長久以來深信的人事物所遭遇到的狀況，讓摩羯的信心產生動搖，此番信念上的撞擊，也將產生出屬於個人的智慧火花。在金錢領域或感情世界，都需要挺住誘惑的考驗。

水瓶座：本月財務可能出現危機，雖然收入不錯，但開銷更大。高獲利的投資將伴隨更高的風險，心中非常猶豫是否要勇敢拚一把。網路購物需要慎選電商平台，若是貪小便宜而選擇不可靠的商家，當心刷了卡付了錢，卻根本收不到貨。

雙魚座：當部門同事間突然出現明顯的派系爭執時，在不清楚原由的情況下，不要貿然地站隊，以免錯判情勢得罪了不該得罪的人，日後還背上莫須有的罵名。出現嚴重過敏反應切莫輕忽，只要盡快就醫配合醫師的治療，就無大礙。

05

MAY
2024

		MON	TUE	WED

日　5/20▶雙子座

水　5/16▶金牛座

金　5/24▶雙子座

火　牡羊座

木　5/26▶雙子座

土　雙魚座

天　金牛座

海　雙魚座

冥　5/3▶（逆）水瓶座

MON	TUE	WED
		1 勞動節 廿三
6 廿八	**7** 廿九	**8** 四月 ●金牛座新月
		13:57 — 05:42
13 初六	**14** 初七	**15** 初八
17:12 — 18:36		
20 小滿 太陽▶雙子座	**21** 十四	**22** 十五
06:34		
27 二十	**28** 廿一	**29** 廿二
	04:01 — 04:44	22:19 —

6

M	T	W	T	F	S	S
					1	2
3	4	5	6	7	8	9
10	11	12	13	14	15	16
17	18	19	20	21	22	23
24	25	26	27	28	29	30

THU	FRI	SAT	SUN
2 廿四	**3** 廿五 冥王星逆行 in 水瓶座	**4** 廿六	**5** 立夏
	17:28 — 02:51		03:06 — 04:40
9 初二	**10** 初三	**11** 初四	**12** 母親節 護師節 初五
05:55 — 07:20		09:48 — 11:12	
16 初九 水星▶金牛座	**17** 初十	**18** 十一	**19** 十二
00:41 — 05:32		17:08 — 18:22	23:48 —
23 十六 ○射手座滿月	**24** 十七 金星▶雙子座	**25** 十八	**26** 十九 木星▶雙子座
15:27 — 16:24		22:47 — 23:35	
30 廿三	**31** 廿四		
— 08:32			

5
月

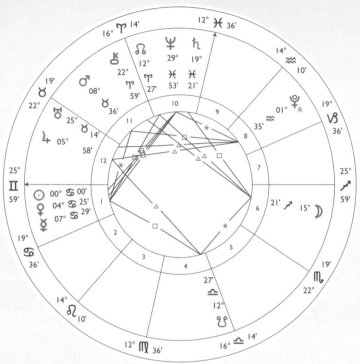

▍夏季運勢

夏至是行運的太陽進入巨蟹座的時刻，2024 年的夏至圖，太陽與水星、金星形成合相，同時也與位在雙魚座的海王星、水瓶座的冥王星都形成了相位。影響所及，情緒層面的議題再度需要被大家重視。身處在 2024 年真的不容易，我們享受著前所未有的科技便利，也同時也承受著來自各層面快速變化的巨大壓力。憂鬱、躁鬱不再是少數群體才可能遇到的文明病，將越來越普及化，需要被大家正視。

在這樣的氛圍下，能夠紓解壓力的各種產品也成為熱門。從科技類的按摩器材、食品類的紓壓飲品，到可愛放鬆的療癒小物都成為新的商機。當然，學習正統的占星術、命理知識，來了解自我進而認識宇宙運行的道理，更是能從根源消除壓力的一種方法。

▍事業

一部分朋友近期找到了更心儀的工作而轉換職場跑道;也有一部分朋友無法跟上時代的變化,被動離開原有環境。如果想避免成為後者,必須以開放的心態及思維面對日新月異的職場環境。年輕不等於不懂事,更具有創意、無負擔的優勢;而年長也不只是保守老舊,更有經驗的寶藏。另外,培養斜槓能力更不可或缺。未來除了極少數領域需要專精人才,多數行業的從業者都需要能身兼數職才有競爭力。所謂身兼數職不代表同時做多份工作,而是哪裡有需要就可以馬上承接應變。

▍感情

受到社會事件影響,許多朋友近期興起了成家的念頭,也拜託身邊的親朋好友幫忙尋找合適的對象。有時我們會將對方的經濟條件、家世背景列為擇偶條件之一,但也需要留意,家境優渥並不代表對方就擁有大筆可使用的金錢。許多二代、三代擁有不錯的物質條件,個人能使用的金錢額度卻意外有限。當然選擇伴侶時,經濟條件並非唯一或最需要考量的部分。受到夏至圖行運的影響,這個季節也容易遇到媽寶男／媽寶女,乍看是個孝順又重視長輩的孩子,相處後才發現缺乏獨立的能力。

▍財運

大環境的景氣標示,始終呈現「即將逆轉勝」的態勢,其實這也意味著當下仍處於不理想的情況,依然需要謹慎判斷。另外,打著響亮口號行吸金之實的詐騙行為令人防不勝防。各種花招不停翻新,特別是看起來新穎又充滿科技感的台詞,一定要多些防備。少部分大膽口袋又夠深的投資者,可以抓到機會獲取高額利潤,但絕大多數的朋友還是適合穩健且中長期的投資,無須時時刻刻費心關注,又能有穩定的收穫。

▍健康

對現代人來說,電腦、平板及手機就如同陽光、空氣、水一般不可或缺。長期使用又忽略了正確的姿勢及休息,很容易造成肩頸方面的問題。痠痛僵硬已屬平常,我們更需要避免頭肩頸肌筋膜疼痛症候群,甚至是頸部椎間盤的病變。肩頸、喉嚨的保健是本季的重點,包括甲狀腺、淋巴、食道等部位都要多加關注。若出現不明原因的硬塊,或是有吞嚥困難的情況,二話不說務必趕快就醫查明原因。

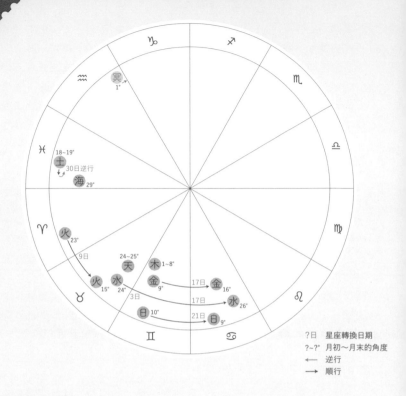

?日　星座轉換日期
?~?°　月初~月末的角度
⟵　逆行
⟶　順行

運勢總覽

近期整體社會氛圍令人隱隱不安。一方面我們可以看到嶄新的未來趨勢有多迷人，眾人卻也害怕自己跟不上時代更迭的浪潮，被淹沒在無情的海浪中，內心深處感到異常焦慮。在這樣的狀態下，有人就會為了爭得自身利益，而在網路或現實生活中做出出格的行為，一點也不在乎他人眼光。

健康與保健議題本月再次受到關注，各種養身方法、保健食品也成為大家聊天的話題之一。你可能會發現最新穎的科技養身法或古老的運動功法，都各有擁護者，建議多觀察實際成效，不要只聽信片面之詞就跟進，避免自己成為被收割的韭菜。

如何快速累積財富，仍是許多人關心的問題，不少朋友近期開始展開斜槓人生。如果仍有正職工作，建議還是先照顧好作為主要收入來源的正職。總之心中先排列好優先順序，才不會顧此失彼兩邊都不討好。

十二星座月運勢

牡羊座：直視心中的恐懼、不再逃避，才能從根本拔除過去的陰影，成為真正強大的牡羊。工作上要懂得按耐心中主觀的好惡，以下屬的才能來分派工作，更有機會帶人帶到心坎裡。健康方面要加強自身抵抗力，才能隔絕病毒的侵害。

金牛座：有機會與伴侶安排一場鄉村風格的悠閒度假行程，暫時忘卻工作的煩惱，享受兩人的清淨時光，好好放鬆充電也對感情有正面的助力。想要置產的金牛，建議不要衝動只憑一兩次看屋就做出決定，以免日後發覺嚴重問題。

雙子座：心中的夢想有機會遇到賞識的伯樂，但能否真正踏上逐夢之路，還是端看雙子的決心與毅力。如果只是一時衝動，日後卻半途而廢，對自己的聲譽可會有嚴重的影響。居家環境則要留意因為漏水或滲水造成的問題。

巨蟹座：長期投資的結果呈現兩種極端，選擇對的產業將發現已經獲利好幾倍；反之若誤判情勢，虧損的金額將不忍直視。如果遇到好友想週轉資金，務必視情況量力而為，所謂救急不救窮，不要掏空自己的口袋去做不被感謝的爛好人。

獅子座：「過得比你好，就是最佳的復仇方式。」當想起過去遭受的背叛而感到情緒憤慨，剛好可以轉化為打拼事業的動力。在工作上取得一定的成就、擁有滿意的收入時，不管要不要報復他人，自己一定過得更加開心喜悅。

處女座：本月無意知悉職場上的祕辛，內心產生非常大的震撼以及強烈的挫折感。在沒有找到平穩思緒的方法前，想要振奮精神努力工作，確實有點困難。或許可以嘗試全新的健身運動，轉換下班後的心情。

天秤座：當心情說不出地煩悶，不如對衣櫥做一個大整理，把已經過季、變形、許久未穿的衣服都汰換掉。整理的過程中，會發現自己的心情也神奇地慢慢被清理好。如有長途旅行的計畫，在住宿及交通方面務必再三確認。

天蠍座：日前開銷有點大，使得最近出現了財務吃緊的情況，此時又出現心動已久的商品在做促銷活動，完全是在考驗毅力。職場上想要做些新的變革，但公司無法提供相應的支援。巧婦難為無米之炊，只能眼睜睜呼看著機會溜走。

射手座：老闆異想天開的念頭，對公司整體的業務方向，甚至是部門組織架構，都產生了不小的影響。如果礙於現實狀況，必須暫時繼續待在原有的工作環境，與其不停抱怨，不如將時間花在想辦法適應新的改變，更加實在。

摩羯座：本月容易整天掛在購物平台上，無法克制地買不停。當商品送到家中時，不妨找個時間把相同產品都歸類放好，就會發現某些物品早就重複購買到堆積如山，有些根本沒用過，或許可以減少摩羯囤貨的心情。

水瓶座：下班後或睡前可以找一段屬於個人的時間，放幾首輕柔、舒服的音樂，翻幾頁喜愛的文章，看似平淡卻能讓煩躁的心得到很大的撫慰。本月如果需要調解家人的爭執，最好放下過去的主觀印象，才能公平地看清當下的情況。

雙魚座：作業報告要繳交的時刻即將到來，卻苦無半點思緒。當坐在電腦前一個小時卻寫不出一句話，不如先站起來倒杯水轉換一下心情，以免繼續坐著心情煩躁成為惡性循環。戀人間的小祕密，有洩漏被對方知悉的可能。

		MON	TUE	WED

日　6/21▶巨蟹座

水　6/3▶雙子座

　　6/17▶巨蟹座

金　6/17▶巨蟹座

火　6/9▶金牛座

木　雙子座

土　6/30▶（逆）雙魚座

天　金牛座

海　雙魚座

冥　（逆）水瓶座

MON	TUE	WED
3 廿七 水星▶雙子座 `06:03 — 13:55`	**4** 廿八	**5** 芒種 `16:08 — 16:36`
10　　　端午節 初五 `03:05 — 03:28`	**11** 初六	**12** 初七 `03:16 — 13:38`
17 十二 金星▶巨蟹座 水星▶巨蟹座 `14:05 — 14:37`	**18** 十三	**19** 十四
24 十九 `11:05 — 11:14`	**25** 二十	**26** 廿一 `06:29 — 14:07`

7

M	T	W	T	F	S	S
1	2	3	4	5	6	7
8	9	10	11	12	13	14
15	16	17	18	19	20	21
22	23	24	25	26	27	28
29	30	31				

THU	FRI	SAT	SUN
		1 廿五 10:54 — 11:28	2 廿六
6 五月 ●雙子座新月	7 初二 20:15 — 20:40	8 初三	9 初四 火星▶金牛座
13 初八	14 初九	15 初十 01:53 — 02:12	16 十一
20 十五 00:18 — 12:31	21 夏至 太陽▶巨蟹座	22 十七 ○摩羯座滿月 06:58 — 07:08	23 十八
27 廿二	28 廿三 16:44 — 16:51	29 廿四	30 廿五 土星逆行 in 雙魚座 12:56 — 20:00

6月

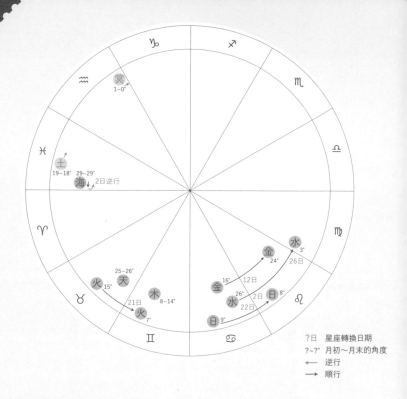

?日　星座轉換日期
?~?°　月初～月末的角度
←　　逆行
→　　順行

運勢總覽

　　本月海王星在雙魚座展開逆行，金融市場的夢幻表現及泡沫化，都可能出現在生活中。情緒健康的議題也再次受到眾人的關注，社會上隨時可以見到因為一些小事，而演變成歇斯底里的瘋狂舉動；也挖掘出許多人過去隱藏起來、不想被大眾知悉的面向。

　　國際關係及跨國貿易將面臨新的瓶頸。大者恆大仍是殘酷現實，如果不能在產業界獨占鰲頭，隨時都有被取代的可能。而就算成為了帶領風潮的領頭羊，也得不斷有令人耳目一新的驚喜，否則新一代的網紅分分秒秒都會出現更迭。

　　整體而言，我們還是會將重心放在自身的領域。對於他人的事物心有餘而力不足，必須先處理好自己的諸多煩惱後，才有餘力關心身旁的人。換個角度想，這也是對自己生命負責的態度，先照顧好自己，才有餘力關懷身邊的人。

十二星座月運勢

牡羊座：本月可以試試跳脫創造個人表現的思維，帶領整個小組一起完成精彩的成果，反而有助於提升牡羊在職場上的位階。感情世界則有些落寞，與另一半好像漸行漸遠，只剩下日常問候，越來越無法交流心事。

金牛座：嚴重缺乏運動的金牛，會發現自己的體力與肌耐力都差到不能再置之不理。不妨找個有趣的健身中心，利用下班後的時間照表操課，養成規律運動的習慣，交了錢你就會盡量去把時數用完。進出冷氣房頻繁時則要避免中暑發生。

雙子座：投資表現優異，身邊的朋友都投以羨慕欽佩的眼光。可以適度犒賞自己，吃頓大餐或買回想要已久的精品，延續好心情。單身的雙子有機會結識到經濟條件不錯的對象，兩人價值觀是否接近，將成為可否深入交往的關鍵。

巨蟹座：傾聽身邊朋友的心情並給予適度的撫慰，是巨蟹的天賦，也因此帶來了許多好人緣。但本月也要關注自己的情緒狀況，當對他人的關懷變成一種負擔或責任，便要懂得調整相處的尺度，先照顧好自己的情緒與內心更重要。

獅子座：本月將得到許多投資訊息，每一件都講得煞有其事，讓獅子心癢癢的很想跟進。越是美好的包裝，越可能是廣告宣傳的台詞，獅子需要看穿這些迷惑的詞藻，並考量自己當下的財力，才能找到真正適合投資的選項。

處女座：看到朋友們都在朋友圈放閃，不是收到名貴的飾品，就是與另一半享用美味大餐，讓處女座回頭看見身邊的伴侶，一股無名的怒火就猛然升起。要克服比較心態真的不容易，不過日子是自己在過的，平穩的生活才是真幸福。

天秤座：身體的健康需要多加關注，如有長期莫名疲累或嚴重消化不良的情況，除了調整飲食外，也可以仰賴醫師的診斷，更容易找出問題所在。至於後續要如何調理，可以再做討論。越是親密的家人，越容易因為口不擇言而傷了心。

天蠍座：當機會來到面前，天蠍往往會謹慎思考判斷，但有時也需要勇敢地放手去爭取，以免錯過良機日後不停懊悔。感情世界則要放下過去被傷害的經驗，不再帶著懷疑及擔憂的眼光看待相處的對象，才能真正享受當下戀情的甜蜜。

射手座：老闆指派的任務就算不想做，也需要服從命令。經過合理爭取仍舊無法推辭的時候，可以轉念當作是對自己的挑戰；連這種工作都能勝任，絕對是對自己的一大肯定。放下對人的成見，你將有不同的體悟。

摩羯座：跟老友重新取得聯繫相聚，聊起過往歲月，不管是光榮事蹟還是當時覺得很糗的事情，都將成為心裡暖暖的美好回憶。酒酣耳熱之際，交通安全需要多加注意。本月適合嘗試從未接觸過的興趣嗜好，將發現一片很有意思的天地。

水瓶座：工作不順利已經讓人煩惱，可能還會發現自己本以為可以信賴的夥伴，竟從中作梗，對水瓶來說衝擊甚鉅，內心撕裂般的感受需要很長一段時間平復。另一方面，所謂防人之心不可無，也要留意生活當中是否有小人在背後作祟。

雙魚座：是要完成他人的期望，還是勇敢追尋自己的理想，近期雙魚陷入這樣兩難的境地。一時半刻不知如何選擇，也找不到平衡點，甚至影響到睡眠品質，日常生活中不時出現恍神的情況，影響到種種表現。

07

JULY

2024

日	7/22 ▶ 獅子座
水	7/2 ▶ 獅子座
	7/26 ▶ 處女座
金	7/12 ▶ 獅子座
火	7/21 ▶ 雙子座
木	雙子座
土	（逆）雙魚座
天	金牛座
海	7/2 ▶ （逆）雙魚座
冥	（逆）水瓶座

8

M	T	W	T	F	S	S
			1	2	3	4
5	6	7	8	9	10	11
12	13	14	15	16	17	18
19	20	21	22	23	24	25
26	27	28	29	30	31	

MON	TUE	WED
1 廿六	**2** 廿七 水星 ▶ 獅子座 海王星逆行 in 雙魚座 23:42 — 23:50	**3** 廿八
8 初三	**9** 初四 14:03 — 21:47	**10** 初五
15 初十	**16** 十一	**17** 十二 09:10 — 09:24
22 大暑 太陽 ▶ 獅子座	**23** 十八 17:58 — 21:22	**24** 十九
29 廿四	**30** 廿五 04:59 — 05:27	**31** 廿六

THU	FRI	SAT	SUN
4 廿九	**5** 三十	**6** 小暑 ●巨蟹座新月	**7** 初二
	04:43 — 04:51		11:47 — 11:55
11 初六	**12** 初七 金星▶獅子座	**13** 初八	**14** 初九
	09:54 — 10:06		06:48 — 10:52
18 十三	**19** 十四	**20** 十五	**21** 十六 火星▶雙子座 ○摩羯座滿月
	15:58 — 16:13		19:26 — 19:42
25 二十	**26** 廿一 水星▶處女座	**27** 廿二	**28** 廿三
22:31 — 22:52		06:14 — 01:22	

7月

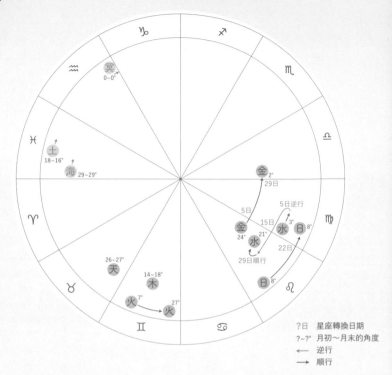

?日　星座轉換日期
?~?°　月初～月末的角度
←　　逆行
→　　順行

運勢總覽

　　本月初水星於處女座再次展開逆行，任何公開發表言論、對外的留言等，都要謹慎為之。我們也會看見因為用詞不恰當、誤解而說錯話等情況，並造成嚴重的後果。除非特別緊急的情況，例如有急病需要治療，否則如有重要決策會對未來造成影響，最好靜待水星逆行結束後再做決定，以免因為思慮不周而沒能考量清楚。

　　投資市場萎縮，讓許多來不及反應的股友慘遭套牢；如果有密切關注產業動態，而非只聽信馬路消息，則有機會提早做出判斷。景氣持續下修，相對的預期心理之下，消費緊縮造成了惡性循環。就個人層面而言，減少不必要的開銷、持有現金仍是目前的王道。

　　健康方面也來到期中考的時刻，如果過去或者上半年依舊沒有養成規律的作息及健康的飲食習慣，小心「病來如山倒，病去如抽絲」，辛苦的還是自己。

十二星座月運勢

牡羊座：隱約覺察到有財務方面的危機，卻不願意去面對，表面上仍舊裝作沒這回事。如果各種開銷仍豪爽不節制，將遭遇嚴重的後果。伴侶間的爭執需要耐心處理，如果只是想吵贏而沒有試著真正溝通，日後只會一再重複相同問題。

金牛座：對於現在的工作感到不滿，礙於現實又無法直接轉換跑道。金牛需要盡快找到讓自己恢復活力的辦法，否則每天上班都呈現擺爛心態；即使是手上的任務，只要不是緊急的業務，就容易擱在一旁不想動。

雙子座：著手已久的業務項目，在即將完成之際，可以針對細節處再做檢核，讓成果更令人滿意。財務投資不要心急貪快，俗話說：你要人家的利，人家要你的本。可以穩健成長才是能夠長期獲利的優質產品。肩頸痠痛的問題要多加注意。

巨蟹座：對未來的規畫將有不一樣的想法，例如過去沒有置產的念頭，現在卻覺得時機到了，可以慢慢觀望。身邊出現愛慕的對象，但感覺並不是很積極在追求？其實在一旁噓寒問暖、關心三餐有沒有吃，正是對方展現體貼又給予空間的表現。

獅子座：出差或旅遊的機會大增。能夠到處走走固然開心，平時與伴侶的相處則要更用心，以免對方覺得被冷落而不開心。不必要事事展現出胸有成竹或擔任領頭羊的角色，偶爾顯露出自己的害怕或不擅長之處，反而更接地氣。

處女座：長期加班造成飲食不正常，或隨便吃點東西止餓卻完全忽略了營養等，本月身體將提出嚴正警告。趁此機會好好調整吧，不然後續還要耗費更多心力調養。伴侶間的親密度、互動尺度該如何拿捏，也值得思考。

天秤座：受到外界新聞的影響，情緒來到比較低落的時刻。天秤自己也知道應該多做正向思考，但一時半刻也走不出低谷。不要給自己太大的壓力與苛責，給予精神世界一些休息的時間，完全放空之後，再來充飽電吧。

天蠍座：職場上想主張自己的規畫，需要跟其他單位多溝通，取得對方的認同。只要是站在合情合理又顧及各方利益的立場，堅持下去對方反而會欣賞天蠍的態度。本月適合跟家人一同到郊外走走，享受大自然，心情跟感情都為之一振。

射手座：伴侶的過度依賴，一開始覺得是愛的象徵，時間久了就變成一種負擔。親密相處還是需要各自保有部分獨立空間，感情才能更長久。可能遇到朋友因政治或信念不同而有爭執，闡述己見後記得尊重對方的觀點，展現成熟風度。

摩羯座：摩羯在近期十分重視跟同事、朋友甚至是伴侶間的信任。如果遇到新的合作夥伴，事先多加審視也是好的。看看對方的工作態度、未來方向，特別是對於金錢、事物的價值觀，都是觀察的重點。

水瓶座：一起共事的夥伴都有各自的盤算，很難真心為了這個業務一同努力。如果有辦法找到大家都可以接受的平衡點，至少將事情做好，對彼此來説都是一種加分。伴侶互動時，如果總是由一方打點所有事物，將會累積不滿的情緒喔。

雙魚座：對身邊的人過度關懷，不僅容易忽略自己的需要，也可能造成別人的壓力，進而影響關係，需要好好拿捏互動的距離。聆聽音樂放鬆心情時，需要注意音量的控制。澎湃激昂的音量令人爽快，卻也可能造成聽力損傷。

08

AUGUST

2024

日	8/22 ▶ 處女座	
水	8/5 ▶（逆）處女座	
	8/15 ▶（逆）獅子座	
	8/29 ▶（順）獅子座	
金	8/5 ▶ 處女座	
	8/29 ▶ 天秤座	
火	雙子座	
木	雙子座	
土	（逆）雙魚座	
天	金牛座	
海	（逆）雙魚座	
冥	（逆）水瓶座	

MON	TUE	WED
5 初二 金星 ▶ 處女座	**6** 初三	**7** 立秋
水星逆行 in 處女座 — 23:16 — 05:16		
12 初九	**13** 初十	**14** 十一
	17:00 — 18:00	
19 十六	**20** 十七 ○水瓶座滿月	**21** 十八
	02:25 — 06:51	
26 廿三	**27** 廿四	**28** 廿五
09:40 — 11:03		15:13 — 16:47

9

M	T	W	T	F	S	S
						1
2	3	4	5	6	7	8
9	10	11	12	13	14	15
16	17	18	19	20	21	22
23	24	25	26	27	28	29
30						

THU	FRI	SAT	SUN
1 廿七 10:46 — 11:19	**2** 廿八	**3** 廿九 18:31 — 19:09	**4** 七月 ●獅子座新月
8　　父親節 初五 16:40 — 17:31	**9** 初六	**10**　　七夕 初七 05:44 — 06:33	**11** 初八
15 十二 水星逆行◀獅子座	**16** 十三 00:52 — 01:51	**17** 十四	**18**　　中元節 十五 04:43 — 05:44
22 處暑 太陽▶處女座 05:53 — 07:01	**23** 二十	**24** 廿一 20:44 — 08:00	**25** 廿二
29 廿六 金星▶天秤座 水星回復順行 in 獅子座	**30** 廿七	**31** 廿八 23:24 — 01:09	

▌秋季運勢

秋季，整體發展明顯進入停滯階段，天馬行空的想法很多，但是每一樣都行不通。處處遭逢打擊，自然也對心情產生了負面的影響。像伴侶或家人等越是親密的關係，越容易因為小事而演變為激烈的衝突。當情緒起伏比較大，不妨自己先暫時離開當下的環境，就算只是去倒杯水、深呼吸幾分鐘，都可以有效降低不必要的爭吵。

如果在本季想展開不一樣的理財計畫，可以先檢視自己的消費習慣，做出相應的調整，否則一再重複原有的開銷習慣，每個月能夠運用的金錢其實差不多。例如每次要刷卡結帳時，給自己三分鐘的時間，想一想是否真的需要購買、手中有沒有可以替代的物品；循環利用現有物品，做個時尚的生活品味家。

▋事業

日常的工作量明顯增加，需要更加謹慎，避免忙中出錯。雖然忙碌，人們卻對長遠的事業規畫充斥著滿滿的無力感。一方面依舊受到整體大環境的影響，在許多調整中或制定中的規定尚未明確之前，許多計畫都只能被迫擱置。就像等待上場的運動選手，在開賽前會先做好暖身動作一樣，我們可以趁此機會重新評估情況，兼顧理想初衷及現實，未來的方向又有哪些可以調整之處。等到可以啟動計畫的時候，就能快速起跑。

▋感情

交往中的戀人，將從每日相處中意識到兩人之間的差異。關掉夢幻濾鏡後，才是彼此最真實的模樣。如果有不滿的地方，以詢問、建議的態度代替命令與叨念，對感情的經營會有更正面的幫助。而在伴侶相處上，因為各自都投入於事業中，工作時已非常疲累，回到家便無力再多做心靈層面的交流。每對伴侶都有獨屬於彼此的互動模式，無須將外人的習慣套用在自己身上。只要雙方能取得共識，就是適合兩人的相處模式。

▋財運

雖然是秋天，漸漸有著燕子歸來的期待，景氣似乎微微顯露出復甦的感覺。如果你是觀察敏銳、反應迅速的人兒，有機會抓住潮流的商機，賺得笑開懷；但如果屬於跟著潮流前進，見到哪些行業火紅才跟進，特別是網紅類型的店家，就要小心成為最後的接盤俠。

股票市場則持續探底，維持保守觀望的態度，就算帳面上沒有大筆獲利，至少可以讓自己立於不敗之地。如果不能記取過去的教訓，非要逆風操作，彈盡糧絕血本無歸的慘烈結果，也不是不可能發生。

▋健康

忙碌的現代生活讓各種壓力層出不窮。如有三高病史的朋友，要注意按時服藥及追蹤，以免演變成腎臟方面的疾病。高鹽飲食習慣、菸酒攝取過量、使用藥物或保健品不當，也會影響腎功能，需要多加注意。

也須特別注意因不良的飲食習慣造成的疾病。減少高油、高鹽、高糖的飲食，避免暴飲暴食，每日攝取足夠水分，選擇乾淨無污染的水源及飲食，並且拒絕服用來路與成分不明的藥物，都是本季的保健重點。

秋分

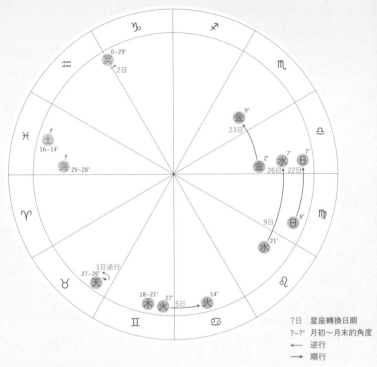

?日　星座轉換日期
?~?°　月初~月末的角度
←　　逆行
→　　順行

運勢總覽

行運的冥王星持續逆行而退至摩羯座，大型企業、百年老店、長期掌握權力的群體如果依舊活在過往的榮光之中，不願意看見世界的改變，做出該有的改革，將遭遇到重大的打擊。而百年老樹的根基如果早已腐敗不堪，一場大雨之後倒下只是徒留遺憾，並不會感到太過訝異。

月中雙魚座月食，我們對於家人、家庭關係都會有一種憧憬，在戀愛關係中也難免投射許多美好的想法在對方身上。如果一直活在自己的想像世界裡，日後發現真相而埋怨對方欺騙，其實只是自己未能及早看清楚對方真實的樣貌。

疫情可能再三反覆出現，讓人無奈且不耐，但也提醒著我們健康這道題是否真正扎實地準備好了，只做表面功夫、期待應付了事可不行。大自然的考試嚴厲又不講情面，對於身體健康、精神健康方面，每個人都要為自己人生的種種決定負起責任。

十二星座月運勢

牡羊座：準備多時正要摩拳擦掌展開行動之際，可能因外在因素的考量暫緩執行，讓牡羊感到非常氣餒，也再次萌生是否要跳槽的念頭。當站在去留與否的十字路口，除了想清楚未來的方向之外，也可以參考過來人的經驗喔。

金牛座：工作上遇到一些阻礙，讓金牛放慢衝刺的腳步，轉而思考這麼努力的意義在哪裡？找到為之奮鬥的意義，才有決心克服眼前的挑戰。可以透過閱讀或欣賞電影得到不一樣的啟發，打開一扇嶄新的心靈之窗。

雙子座：當工作業務涉及到跨部門的合作，不可避免會遇到許多推託及紛擾。職場上很難有絕對的公平，合作能否成功，有時仰賴的是溝通技巧，以及可以接受的底線在哪裡。不要那麼快亮出自己的底牌，才有機會爭取到最大的利益。

巨蟹座：工作與家庭兩頭燒，種種情緒堆積、醞釀已久，來到發飆的臨界點。如果剛好又遇到白目同事或家人，真的不能怪巨蟹突然崩潰。如果有機會不妨讓情緒先慢慢釋放，以免自己大暴走。

獅子座：工作表現將獲得眾人讚賞，就算過程中有小小的不盡滿意，獅子也很享受當下的成果。不妨把握好機會，邁向更大的領域施展身手吧。身邊的人不看好獅子的對象，但你覺得日久見人心，一段時間後就會明白對方的個性。

處女座：本月有機會得到巨額利益，或是天上掉下來的桃花等。面對種種誘惑該如何取捨、抉擇，不只考驗定力，還測試著人性。本月也須留意眼睛、視力的問題。下班後滑滑手機放鬆心情，要注意光線是否充足、自己的姿勢等。

天秤座：過去長時間透支體力，本月將會反映在身體上。如果身體出現狀況，無論輕重都不要以工作忙碌或種種藉口忽略不理會。可以重新安排生活事務的先後順序，並確保有足夠的睡眠與休息。

天蠍座：職場上有著高處不勝寒的孤寂感。你已看透了公司高層或主管的把戲，同事們卻執迷不悟，反而指責天蠍不合群。給自己一些獨處的時刻，聽聽內心的聲音，可以幫助天蠍分辨哪些朋友可以繼續深交，哪些最好保持一定的距離。

射手座：老闆對於工作業務有許多想法，伸出了指導之手，讓習慣自己做事方式的射手感到不被尊重。既然老闆出手了，記得以信件或訊息的方式留底作證，日後若出現質疑的聲音，就可以名正言順說出是按照老闆的指示來做的。

摩羯座：正在商談中的合作項目可能因雙方的堅持而破局。如果能找到公正的第三方居中協調，或許還有轉圜的可能。職場上如果感到能力不足，不要猶豫盡快尋找可以進修的管道，當日後遇到同樣情境就能夠從容以對。

水瓶座：感情穩定的水瓶將做出共度一生的決定，親友們也紛紛獻上真心祝福。在結婚事宜的進行過程中，難免出現許多意見不合的時刻。可以把重點放在給父母交代，或是辦好婚禮跟大家分享喜悅，不要讓支微末節的瑣事影響了感情。

雙魚座：想要懷孕生子的雙魚，把握機會可以期待好消息。但如果暫時沒有這方面的計畫，則需要做好該有的防範。職場上只要懂得運用團隊合作，每個人都可以展現出自己的強項，也無須為了不擅長的領域苦惱，又可以呈現出成果。

09

SEPTEMBER

2024

日	9/22 ▶ 天秤座	
水	9/9 ▶ 處女座	
	9/26 ▶ 天秤座	
金	9/23 ▶ 天蠍座	
火	9/5 ▶ 巨蟹座	
木	雙子座	
土	(逆) 雙魚座	
天	9/1 ▶ (逆) 金牛座	
海	(逆) 雙魚座	
冥	9/2 ▶ (逆) 摩羯座	

MON	TUE	WED
2 三十 冥王星逆行 ◀ 摩羯座 08:24 — 11:48	**3** 軍人節 八月 ●處女座新月	**4** 初二
9 初七 水星 ▶ 處女座	**10** 初八 01:11 — 01:25	**11** 初九
16 十四 13:03 — 17:38	**17** 中秋節 十五	**18** 十六 ○雙魚座滿月（月食） 17:02 — 17:23
23 廿一 金星 ▶ 天蠍座 **30** 廿八	**24** 廿二 19:58 — 22:49	**25** 廿三

10

M	T	W	T	F	S	S
	1	2	3	4	5	6
7	8	9	10	11	12	13
14	15	16	17	18	19	20
21	22	23	24	25	26	27
28	29	30	31			

THU	FRI	SAT	SUN
			1 廿九 天王星逆行 in 金牛座
5 初三 火星▶巨蟹座 00:06 — 00:11	**6** 初四	**7** 白露 13:08 — 13:18	**8** 初六
12 初十 08:20 — 13:37	**13** 十一	**14** 十二 15:34 — 15:53	**15** 十三
19 十七	**20** 十八 16:38 — 17:02	**21** 十九	**22** 秋分 太陽▶天秤座 18:13 — 18:24
26 廿四 水星▶天秤座	**27** 廿五 06:12 — 06:47	教師節 **28** 廿六	**29** 廿七 11:35 — 17:41

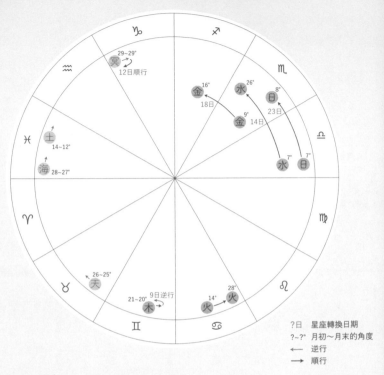

?日　星座轉換日期
?~?°　月初～月末的角度
←　　逆行
→　　順行

運勢總覽

　　本月，緊張的國際情勢將牽動大家的心，也影響到生活中許多層面的發展。例如航空運輸方面受阻礙，連帶許多生活用品的供給、銷售與價格都受到牽連。這也讓人體會到國際新聞並非事不關己的文字或畫面，只要是發生在這個星球上的大小事件，都會產生蝴蝶效應；而自己的種種決定與行為，也可能直接或間接對這個世界產生影響。

　　木星於雙子座展開逆行，生活中的不公平對待將促使我們開始省思，但如果過度糾結其中，反倒容易影響情緒。任何發生在生命中的事件其實都是中性的，端看我們的想法與詮釋。

　　在這樣的氛圍下，不妨以友善、不造成壓力的方式關心身邊的家人、朋友，特別是情緒層面的反應。如果持續出現焦慮、憂鬱的情況，可以尋求專業醫師的協助。

十二星座月運勢

牡羊座：感情面臨重大考驗，在沒有心理準備的情況下，伴侶想要離開的決定讓牡羊錯愕又傷心。職場上需要暫時忍著自己的脾氣，配合部門規定來做事。不如先讓主管留下好印象，再慢慢來放手做自己，到時候才有人撐腰。

金牛座：一掃前段時間身體微恙的陰霾，恢復健康活力的同時，心情也振奮了起來。連帶工作時的情緒都很高昂，就算遭遇刁難或考驗，都是小菜一碟，只要勇於面對就可以找到解決辦法。伴侶之間則容易陷入誰來主導局面的爭奪戰。

雙子座：朋友提出一起合作的邀約，讓雙子非常心動，但如果對方對於具體方向及執行細節完全沒有概念，就算基於朋友情誼，此刻就做出承諾風險很高。建議思考、規畫一番再做決定，以免日後鬧翻，連朋友都做不成。

巨蟹座：本月容易因職場上的好表現而遭忌。競爭是很殘酷的，只要秉持公平發揮自己的實力，並沒有惡意要打擊對方，就算同事們一時無法諒解，也無愧於心。新的戀情正在萌芽，需要多一點心思來呵護，巨蟹也挺享受這段時光。

獅子座：本月需要完成強度頗高的工作，還要安撫好戀人的情緒，讓夾在中間的獅子偶爾感到疲憊，但想起戀人開心的模樣，還是會露出發自內心的微笑，成為繼續奮鬥的動力。如果想計畫一趟長途旅行，就要從現在減少開銷努力存錢。

處女座：伴侶能夠分攤家庭事務，讓處女座無後顧之憂來處理工作。忙碌過後記得至少說聲謝謝，肯定另一半的付出，才會成為良性的循環。可能收獲意外獎金，部分用於投資、部分拿來犒賞自己，非常合理。

天秤座：以為已經完成的工作，沒想到出現了一個小尾巴，需要再處理善後。雖然影響到工作計畫，負責任的天秤還是盡力做到讓大家都滿意。氣候變化劇烈，早晚出門時要留意溫差，照顧好身體，可不要小看感冒病毒的威力。

天蠍座：計畫好的假期可能因工作上的突發狀況，需要調整原有的規畫。迅速整理好心情，再次投入工作中吧。過去一段時間的投資，有了令天蠍感到滿意的報酬，可以徵詢專業理財人員的建議，看是要現在就獲利了結，還是再等一段時間。

射手座：針對同樣的工作，同事們各有不同意見與處理的想法，如果能發揮整合及協調的能力，取得多數人的共識，將展現射手的領導能力。留意家中老舊電器用品及相關管線是否需要汰換，既能保障環境安全，還能節約電力。

摩羯座：與戀人相處時，如果發覺兩人的成長環境、背景及日常習慣都差異太大，難以取得共識，總是為了同樣的問題而爭吵不休，或許該理性地思考清楚，如果分開是否兩人都會更快樂。

水瓶座：本月可能得知某些事物的真相，不一定是愉快的經驗，卻是成長不可逃避的課題。當覺得受到衝擊而無法平復思緒，不妨透過閱讀讓自己平靜下來。心血管方面的保健需要多加注意，一有不適建議趕快就醫。

雙魚座：家族親戚間維持著表面上的和諧，私底下卻碎嘴、八卦不斷。因此不要輕易在親戚面前說出任何想法或表態，以免不小心成為大家的箭靶。本月可能想透過節食來瘦身，但減掉的多是水分，維持規律運動的習慣才能瘦得健康。

10月

10

October

2024

MON	TUE	WED
	1 廿九	**2** 三十 05:38 — 06:19
7 初五 06:52 — 07:34	**8** 寒露	**9** 初七 木星逆行 in 雙子座 13:53 — 17:38
14 十二 水星 ▶ 天蠍座 — 03:55	**15** 十三	**16** 十四 04:00 — 04:34
21 十九	**22** 二十 04:59 — 06:49	**23** 霜降 太陽 ▶ 天蠍座
28 廿六	**29** 廿七 11:54 — 12:29	**30** 廿八

11

M	T	W	T	F	S	S
				1	2	3
4	5	6	7	8	9	10
11	12	13	14	15	16	17
18	19	20	21	22	23	24
25	26	27	28	29	30	

THU	FRI	SAT	SUN

3
九月
●天秤座新月（日食）

4
初二

18:40 — 19:22

5
初三

6
初四

10　　　　　　國慶日
初八

11　　　　　　重陽節
初九

12
初十

冥王星回復順行 in 摩羯座

13
十一

23:53 — 00:31

22:11 —

17
十五
○牡羊座滿月

18
十六
金星▶射手座

19
十七

20
十八

03:26 — 03:59

03:33 — 04:07

24
廿二

25
廿三

26
廿四

27
廿五

12:47 — 13:23

16:03 — 23:47

31　　　　　　萬聖節
廿九

10
月

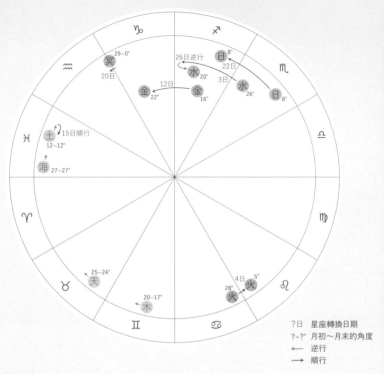

?日　星座轉換日期
?~?°　月初～月末的角度
←　　逆行
→　　順行

運勢總覽

　　受到外在大環境影響，各個計畫不斷受到阻礙。面對著遙不可知的未來，是要堅持下去還是及早止損，讓我們的焦慮感又上升到另一波高峰。也因為這樣，我們在與人互動時，也更容易有一些衝突。很可能只是上班途中排隊要買杯咖啡，遇到有人插隊或不小心碰撞，便從爭吵演變成激烈衝突。事後回想起來可能也會覺得自己反應太大，但傷害已經造成，一天的好心情也沒了。

　　逆行了四個多月的土星在本月恢復順行，加上冥王星再次進入水瓶座，我們將會發現各種新興宗教、信仰突然間出現在生活周遭，許多靈性導師、宗教大師橫空出世。心靈上我們也容易渴望找到一位信仰上的導師，讓徬徨的心可以有個依靠。此時更要謹慎選擇吸收的影片、音訊，否則當不恰當的信念形成我們的知見之後，想再調整絕對不是一件輕鬆容易的事。

十二星座月運勢

牡羊座：想要取得事業上的成功，除了贏在起跑點外，如果能帶領下屬們一起登上山巔將更有成就感。牡羊熱心想要幫助身邊的朋友，也要留意朋友們是否有接受協助的意願，否則就像是硬塞給他人不想要的禮物，反而讓人為難。

金牛座：完成工作上的挑戰，信心大增，也打響了在業界的名聲。想購屋的金牛，本月在空閒時間可以多看看房產訊息，有機會遇見滿意的物件。不要忘記另一半的生日或是重要紀念日，即使準備小小禮物對方也會很開心。

雙子座：以為即將有大筆入帳，就先消費花掉該筆費用，卻可能臨時出現變化造成財務危機。設定實際的目標，也可以減少不必要的開銷。說話表達時稍微減少臉部過多的表情，能夠防止皺紋產生，降低需要醫美的頻率。

巨蟹座：工作上獎金分派或晉升的結果並不公平，使得巨蟹對於目前的公司湧起巨大的失望。需要調整好對工作環境、公司發展的看法，否則內心的不平，慢慢發酵後將成為負面的循環，有礙工作上的表現。

獅子座：一部分的獅子對於目前生活各個層面都感到非常滿意，也享受單身的生活，能夠自在與朋友共度精彩多姿的時光。若有小酌的習慣，記得餐後不要開車，交通安全不可鬆懈。

處女座：想要透過工作來找到價值感，容易陷入被壓榨的工作情境中。而試圖透過伴侶關係來找到價值感，則會為伴侶付出一切，卻不見得收到同樣的回應。最終處女座會發現對自己的肯定，就是輕鬆不費力的價值感。

天秤座：本月將克服過去不擅長的領域。將過去累積的經驗樸實地呈現出來，無須華麗的包裝就能讓大家明瞭天秤的實力。如果已經決定走出前一段戀情，就要從心底真正放下，結識新朋友的時候也不要默默做比較，才能享受新戀情。

天蠍座：許多熟悉的人事物都有了嶄新的變化，天蠍也需要以全新的態度來面對每天的生活。可以從換個沒有嘗試過的新髮型開始，將發現很奇妙地心態也煥然一新。面對同位伴侶也可以找到新的互動模式，重新燃起熱戀愛般的火苗。

射手座：日前跟戀人陷入冷戰，將重溫舊好而一掃過去的陰霾。連帶在工作場合也能面帶桃花，貴人運也隨之攀升。接觸新的朋友圈，體驗到不同以往的生活型態，將帶給射手許多啟發。試著調整自己的生命選項，心情也更加寧靜。

摩羯座：工作環境看似穩定，仍須保持一定程度的危機感，畢竟在變化迅速的時代沒有永恆不變的工作，無論是職務上的輪調、部門組織的調整，還是工作環境的搬遷，隨時都可能發生。出現突發狀況時，迅速應變才能立於不敗之地。

水瓶座：可能錯估了財務上的規畫，造成即將透支的窘境。除非事先有預留一筆準備資金，否則將造成前所未有的財務危機。想成為 SOHO 族的水瓶，如果已經做好相關準備，近期將有難得的契機可跨出這一步。如有持續性頭痛切莫輕忽。

雙魚座：明顯感受到不景氣帶來的影響，可以練習改變消費習慣，以更務實的態度來做選擇，未必會降低生活品質。工作上將遇到些許阻礙，剛好讓雙魚重新檢視自己需要加強的環節，可以藉由進修來增進能力，讓職場表現更為扎實。

11月

	MON	TUE	WED

日　11/22▶射手座

水　11/3▶射手座

　　11/26▶（逆）射手座

金　11/12▶摩羯座

火　11/4▶獅子座

木　（逆）雙子座

土　11/15▶（順）雙魚座

天　（逆）金牛座

海　（逆）雙魚座

冥　11/20▶水瓶座

_____

_____

_____

_____

_____

_____

_____

_____

_____

MON

4
初四
火星▶獅子座

11
十一

18
十八
12:08 — 16:49

25
廿五
13:34 — 19:19

TUE

5
初五
18:23 — 23:17

12
十二
金星▶摩羯座
14:13 — 14:25

19
十九

26
廿六
水星逆行 in 射手座

WED

6
初六

13
十三

20
二十
冥王星▶水瓶座
19:19 — 21:50

27
廿七
17:14 —

12

M	T	W	T	F	S	S
						1
2	3	4	5	6	7	8
9	10	11	12	13	14	15
16	17	18	19	20	21	22
23	24	25	26	27	28	29
30	31					

THU	FRI	SAT	SUN
	1 十月 ●天蠍座新月 00:57 — 01:29	**2** 初二	**3** 初三 水星▶射手座 12:51 — 13:19
7 立冬	**8** 初八 06:37 — 06:57	**9** 初九	**10** 初十 08:23 — 11:59
14 十四 14:49 — 14:58	**15** 十五 土星回復順行 in 雙魚座	**16** 十六 ○金牛座滿月 15:02 — 15:08	**17** 十七
21 廿一	**22** 小雪 太陽▶射手座 21:14 — 07:00	**23** 廿三	**24** 廿四
28 感恩節 廿八 — 08:20	**29** 廿九	**30** 三十 14:18 —	

▌冬季運勢

生活中處處暗藏著隱形壓力。例如到了歲末年終,朋友們相聚便聊著各自的年終獎金;家人見面無話可聊時,長輩們就開始關心怎麼不交個對象、何時要結婚、何時要生小孩等話題。就算說者無心,但聽者總會感覺心中的大石頭越來越重。

而每個人都有各自的壓力,親密伴侶的相處上便容易出現過度冷淡甚至是冷暴力的情況。只要涉及到暴力的對待,無論是實際肢體上的動作、言語上的辱罵,或是冷暴力,建議以安全不會受到傷害的方式提出嚴正的抗議。若無法改善,一定要尋求有關機關協助,一味的隱忍,對方也不會有醒悟的一天。

本月不妨嘗試有興趣的手工藝活動,透過專注於手作的過程,可以釋放掉許多生活中的不愉快及壓力,完成作品更會有滿滿的成就感。

▌事業

對事業有理想目標，並已經醞釀、規畫已久的人，在本季終於可以邁出步伐，開始逐夢。此時仍不能急躁，就像是剛學會站立的寶寶不可能馬上開始跑步。至少我們踏出了第一步，也可以在過程中隨時根據實際情況與需求來調整。本季我們也需要思考，如何運用高科技而不被科技所侷限。就像現代人離不開電腦、手機，但萬一出現突發狀況，兩三天無法使用電腦時，我們可以有什麼替代方案？有備無患總是一件好事。

▌感情

我們對待感情的態度在本季出現兩極化。有些人走過不愉快的戀情，認為與其花時間經營感情，還不如拿來好好賺錢，畢竟存款不會背叛你。而也有人很享受禁忌、隱密、不可公開的戀情，心態上帶有一種我倆沒有明天的刺激感。身邊閃電交往、閃婚、閃離的故事紛紛上演。想要成家的朋友，透過相親活動結識了對象，可能交往不到一個月就決定結婚；或是長期有恩愛伴侶形象的戀人，突然丟出分手的震撼彈。

▌財運

社群媒體的報導重點多放在誰有多少身家、穿戴的服飾多少錢等事情上，加上自媒體樂於展現優渥的生活，炫富型的網紅大行其道，無論真假為何，都影響了社會氛圍，眾人無不積極想創造財富，卻又缺乏耐心，只想一步登天。天底下沒有白吃的早餐、午餐及晚餐，以不恰當的手段快速得到的財富，很可能在意想不到的情況下全數吐出去。這樣的故事，在本季我們都有機會親眼目睹。

▌健康

作為一名成熟的大人，「懂事」似乎意味著不能恣意表現出好惡或情緒。但那些沒有表達出來的情緒，到底去了哪裡？是真正放下、釋懷，還是轉為內在的自我攻擊？與其等到火山爆發，不如平時就以相對和緩的方式，慢慢釋放出內心的種種感受，讓自己更輕鬆、更健康。
本季也須多關注神經系統及肝臟的保健。以只有深夜才是屬於自己的時間作為理由，敷著最貴的面膜，熬最深的夜；沉浸在追劇、看小說、電競手遊的世界，覺得累了就灌幾口咖啡。殊不知攝取過多咖啡因加上熬夜晚睡，絕對是健康與美麗的最大破壞者。

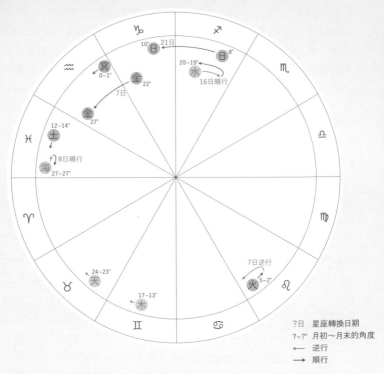

?日　星座轉換日期
?~?°　月初～月末的角度
← 　逆行
→ 　順行

運勢總覽

在這歲末的時刻，正逢行運的火星在獅子座展開逆行，給予我們一個契機探索內心長期嚮往的追求。當我們失去生命中的目標，往往對自己的價值感也會低落；反之，如果能找到願意為之努力的目標，就算當下仍是遙不可及的夢想，只要走在築夢的路途上，就會覺得自己是名閃閃發光的英雄。

單身的朋友想要成家的念頭強烈，紛紛以結婚為前提來找尋交往的對象。而感情穩定的伴侶，也將攜手克服生活中的種種挑戰，磨合雙方的差異。雖然過程中難免有感到氣憤的時刻，卻獲得了從「我」走向「我們」的珍貴經驗。

景氣方面呈現混沌不清的態勢，貌似處處有機會，卻總是發生在別人的身上。過度緊縮開銷將導致他人的收入也減少，進而成為惡性循環，也就是經濟學上的漣漪效應。我們也可以在本月思考怎麼樣才是真正的聰明消費，總是買最便宜或 cp 值最高的商品，說不定到頭來反而更划不來喔。

十二星座月運勢

牡羊座：身邊親友很熱心想要幫牡羊介紹對象，但牡羊主要心思都放在事業以及財富的累積上，對感情並不是那麼積極。而已有戀人的牡羊，如果暫時沒有成家的意願，最好跟戀人達成共識，減少不必要的爭吵。

金牛座：缺乏運動及纖維素的攝取，恐將造成消化系統不順暢。不需要服用過多保健品，只要改變飲食習慣並提高運動頻率，就能有明顯改善。本月適合探索心中真正想要成為的模樣，你將神奇地發現整個宇宙都在幫你圓夢。

雙子座：業務績效一直不理想的雙子，到了年底要把皮繃緊一點，萬一部門需要精簡人力，小心名列前茅。受到景氣不理想的連累，對於年終也不要抱持太高的期待，更不能預先透支消費，金錢建議等到真正入袋再運用。

巨蟹座：可以安排一場與家人的長途旅行，雖然是一筆不小的開銷，但旅途中的點點滴滴都將成為日後珍貴的精彩回憶。聚會場合上，面對家中長輩對婚姻的關切無須翻臉，只要面帶微笑地顧左右而言他，輕輕帶過就好。

獅子座：桃花朵朵盛開的時刻，無論是主動還是被動，都有許多送上心意的對象出現。如有腳踏多條船，或是計畫要成為海王的獅子，最好先想清楚萬一被正宮知道，會造成什麼樣的後果。生活中要避免頭部撞到或意外情況出現。

處女座：工作上希望能有全新的變化，處女座可能會接受過去不曾想過的挑戰，焦慮的同時也有許多興奮感，期待努力過後能夠攀越到什麼樣的山巔。閒暇之餘可以透過學習外語，或品嘗異國美食，舒緩工作上的壓力。

天秤座：感情世界來到需要做出抉擇的時刻，是決定結婚生子還是分道揚鑣，並沒有正確與否，但需要做出選擇，並且在日後承擔起責任。遇到想要進修的課程時，不要因價格而猶豫，花在自己身上的投資，是別人永遠奪不走的財富。

天蠍座：當身邊朋友需要急迫的財務救援，可以提供適度幫助，但是在自己行有餘力的範圍下，且最好預期最壞的結果是對方不返還的前提下，對彼此才不會產生過大壓力。找到值得信賴的合作夥伴，會比手握資源卻無法信任的對象更好。

射手座：任何需要溝通聯繫的環節，例如日期、時間、金額等，請務必再三確認正確性，避免因為不小心的疏漏而產生失誤，會需要花上很多心力來善後。在海外網站購物刷卡前，也要先確認運費及匯率等計算。

摩羯座：職場上需要發揮對事不對人的理性判斷，就算遇到不喜歡的同事，需要一起合作時，也要暫時先放下個人成見，以公司利益及業務績效為前提來共事，不要刻意扯後腿。足夠的休息能讓微恙的身體得到充足的修補而康復。

水瓶座：如果對於工作提不起勁，又一直打混摸魚，主管們都看在眼裡，也會做出合情合理的考核，到時候水瓶可怨不得別人。不想要處於被動態勢的話，建議趁早表現出積極的態度，還有機會博取一些同情分。呼吸道的保健需要多注意。

雙魚座：眾人眼中的開心果，也會有心情下雨的時刻。無須刻意壓抑自己的情緒，不妨找個可以放心訴說的對象，抒發內心的愁苦後便不要過於沉溺其中，將自己洗淨之後，準備接收更多美好吧。走路時留意腳踝的狀況。

12

DECEMBER

2024

日	12/21▶摩羯座	
水	12/16▶（順）射手座	
金	12/7▶水瓶座	
火	12/7▶（逆）獅子座	
木	（逆）雙子座	
土	雙魚座	
天	（逆）金牛座	
海	12/8▶（順）雙魚座	
冥	水瓶座	

MON	TUE	WED
2 初二	**3** 初三	**4** 初四
23:47 — 05:08		
9 初九	**10** 初十	**11** 十一
16:44 — 21:37		06:13 — 23:54
16 十六	**17** 十七	**18** 十八
— 03:21 ➡ 水星回復順行 in 射手座		02:33 — 07:39
23 廿三 — 03:07	**24** 平安夜 廿四 18:43 — 16:06	**25** 聖誕節 行憲紀念日 廿五
30 三十 07:34 — 12:37	**31** 十二月 ●摩羯座新月	

1

M	T	W	T	F	S	S
		1	2	3	4	5
6	7	8	9	10	11	12
13	14	15	16	17	18	19
20	21	22	23	24	25	26
27	28	29	30	31		

THU	FRI	SAT	SUN
			1 十一月 ●射手座新月 — 19:52
5 初五	**6** 大雪	**7** 初七 金星▶水瓶座 火星▶（逆）獅子座	**8** 初八 海王星回復順行 in 雙魚座
07:34 — 12:21		08:01 — 17:48	
12 十二	**13** 十三	**14** 十四	**15** 十五 ○雙子座滿月
		20:39 — 01:21	22:31 —
19 十九	**20** 二十	**21** 冬至 太陽▶摩羯座	**22** 廿二
	13:19 — 15:36		21:27 —
26 廿六	**27** 廿七	**28** 廿八	**29** 廿九
		22:23 — 03:46	

01 JANUARY
2024

1 MON
二十

元旦

水星回復順行 in 射手座

2 TUE
廿一

3 WED
廿二

月亮▶天秤座 | 07:36 — 08:46

4 THU
廿三

火星▶摩羯座

5 FRI
廿四

月亮▶天蠍座 | 19:40 — 20:39

6 SAT
小寒

7 SUN
廿六

8 MON
廿七

月亮▶射手座 `04:21 — 05:08`

9 TUE
廿八

10 WED
廿九

月亮▶摩羯座 `02:24 — 09:33`

11 THU
十二月

●摩羯座新月

12 FRI
初二

月亮▶水瓶座 `10:33 — 11:01`

13 SAT
初三

`17:58 —`

14 SUN
初四

水星▶摩羯座
月亮▶雙魚座

`— 11:28`

15 MON
初五

16 TUE
初六

月亮▶牡羊座

12:32 — 12:48

17 WED
初七

18 THU
初八

月亮▶金牛座

16:02 — 16:11

19 FRI
初九

20 SAT
大寒

太陽▶水瓶座
月亮▶雙子座

21:57 — 21:58

21 SUN
十一

冥王星▶水瓶座

+ · · · · · · · · · · · · · · · · · · · +
· ·
· ·
· ·
· ·
· ·
· ·
· ·
· ·
· ·
+ · · · · · · · · · · · · · · · · · · · +

1月21日

冥王星進入水瓶座 —— 重整思想與朋友圈

冥王星進入水瓶座,對於生活中不公平、不公義的事件,我們不願繼續妥協、忍讓,將捍衛自己甚至為他人的權益而發聲。許多事情也終於來到尾聲,隨之而來更大規模的改變也將出現在生活中。我們需要從想法上徹底改頭換面,如果還抱持著期待回歸過往的念頭,只會拖延讓自己融入新時代浪潮的腳步。

思想上的改變並不等於要完全否定過往的價值、放棄過去的努力。而是站在原有的基礎上,找到全新的呈現方式,便有機會走出一條獨一無二的路途。

朋友關係也將出現大幅調整。有些老友相聚時總是重複那些八百年前的陳年往事、開著重複的老笑話。偶一為之是挺令人懷念,但如果每次都會影響你的心情,確實需要幫淤積已久的人際關係打掃一番,才能迎接生命的活水。

22 MON
十二

23 TUE
十三

金星▶摩羯座
月亮▶巨蟹座   04:39 — 05:50

24 WED
十四

25 THU
十五

月亮▶獅子座   06:58 — 15:36

26 FRI
十六   ○獅子座滿月

27 SAT
十七

天王星回復順行 in 金牛座   05:19 —

28 SUN
十八

月亮▶處女座   — 03:11

1月27日

天王星於金牛座恢復順行——過往行為迎來成果或後果

此刻,我們需要為過往金錢或工作上的行為埋單。在金錢的使用習慣或是工作層面的表現,如果過去你以踏實認真的態度仔細規畫未來,此刻將有機會走向更高的舞台。反之,若以往只是敷衍了事,做做表面的功夫,則需要小心因為某個環節的失誤引發骨牌效應,兵敗如山倒。特別在資金運用層面,如果總是走偏門,妄想著一夕致富,做出超乎自身能夠承擔的高風險行為,就有可能失利,最好先思考自己是否有能力收拾善後。

科技領域及數位貨幣仍是受到注目的焦點。貿然跟進之前,還是要花些時間掌握相關背景及知識,才能看透個中奧妙,取得致勝先機。

如果在此時遇見新的合作夥伴,相談甚歡進而打算一起合作,建議先將各自需要負擔的責任、可以享有的權益等都文字化說明清楚,可以避免掉日後許多不必要的衝突。

29 MON
十九

30 TUE
二十

月亮▶天秤座 | 07:19 — 16:04

31 WED
廿一

1 THU
廿二

17:03 —

2 FRI
廿三

月亮▶天蠍座 | — 04:36

3 SAT
廿四

4 SUN
立春

月亮▶射手座 | 11:24 — 14:27

5 MON
廿六

水星▶水瓶座

6 TUE
廿七

月亮▶摩羯座　　　　　　　　　13:06 — 20:08

7 WED
廿八

8 THU
廿九
小年夜

月亮▶水瓶座　　　　　　　　　15:52 — 21:59

9 FRI
三十
除夕

10 SAT
正月　　　　　　　●水瓶座新月
春節

月亮▶雙魚座　　　06:59 — 21:42

11 SUN
初二

2月6日

木星與土星六分相——新舊交替的困境

夾雜在新舊交替之間，讓人在許多層面都感到左右為難。整體社會的氛圍也在新舊之間擺盪，到底是要全力擁抱創新思維，還是以保險守舊為好，兩個選項各有擁護者，也都能説出一番大道理。這或許也是考驗每個人原有信念的時刻。

許多詐騙手法也推陳出新，需要多一些警覺心，但追根究柢，往往還是自己有點貪心才不小心上了當。多提醒自己可以追尋夢想，踏實築夢，但不要妄想走捷徑一步登天，便能避免成為被騙的肥羊。

年節假期難免需要與親友共聚一堂，不想參與卻又逃不開的場合，可能造成不小的精神損耗。健康方面須留意外來病菌、病毒的影響，有可能造成呼吸道與喉嚨部位的腫脹不適。到山邊、溪邊遊玩也要避免不乾淨的水源，當中的病菌可能帶來危害。

12 MON
初三

月亮▶牡羊座　　　　　　　　　　　　　　　　　20:31 — 21:25

13 TUE
初四

火星▶水瓶座

14 WED
初五
西洋情人節

月亮▶金牛座　　　　　　　　　　　　　　　　　18:20 — 23:02

15 THU
初六

16 FRI
初七

23:00 —

17 SAT
初八
小年夜補班

金星▶水瓶座
月亮▶雙子座　　　　— 03:39

18 SUN
初九

2 月 13 日

火星進入水瓶座──資源分配是否公平

流年的火星在今天進入水瓶座,並且與冥王星形成緊密合相。自己與他人間的各種「資源」議題,成為近日關注的重點。例如一起合夥的工作,誰出錢誰出力?而收入又如何分配?我們會更在意人與人之間的公平性。

另外,還請多留意恐怖情人或恐怖密友的傷害,包括肢體上的攻擊、言語上的辱罵、PUA 情緒勒索的行為。對方可能先打擊你的自信,再以洗腦的方式企圖讓你跟隨他的意見、想法。若遇到這樣的情況,毫不猶豫趕快離開,讓自己冷靜之後,在不會近距離接觸的情況下,慢慢疏遠以確保身體心靈的健康與安全。

高科技與航空運輸等產業再創佳績,許多人想要跟進投入,只要抓對時機仍有獲利的空間。需要留意的是,市場的變化非常迅速,持續掌握產業界相關訊息,才是致勝關鍵。

19 MON
雨水

太陽▶雙魚座
月亮▶巨蟹座

11:20 — 11:24

20 TUE
十一

21 WED
十二

月亮▶獅子座

14:37 — 21:40

22 THU
十三

23 FRI
十四

水星▶雙魚座

12:18 —

24 SAT
十五
元宵節

○處女座滿月

月亮▶處女座

— 09:37

25 SUN
十六

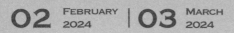

02 FEBRUARY 2024 | 03 MARCH 2024

26 MON 十七

月亮▶天秤座   15:35 — 22:29

27 TUE 十八

28 WED 十九
和平紀念日

02:21 —

29 THU 二十

月亮▶天蠍座   — 11:09

1 FRI 廿一

2 SAT 廿二

月亮▶射手座   15:47 — 21:56

3 SUN 廿三

03 MARCH 2024

4 MON 廿四
23:40 —

5 TUE 驚蟄
月亮▶摩羯座
— 05:15

6 WED 廿六

7 THU 廿七
月亮▶水瓶座
03:35 — 08:38

8 FRI 廿八
婦女節

9 SAT 廿九
月亮▶雙魚座
02:55 — 09:03

10 SUN 二月
●雙魚座新月
水星▶牡羊座

11 MON
初二

月亮▶牡羊座 `03:45 — 08:19`

12 TUE
初三
植樹節

金星▶雙魚座 `19:07 —`

13 WED
初四

月亮▶金牛座 `— 08:28`

14 THU
初五
白色情人節

15 FRI
初六

月亮▶雙子座 `06:29 — 11:15`

16 SAT
初七

17 SUN
初八

月亮▶巨蟹座 `12:42 — 17:40`

3 月 17 日

太陽合相海王星 ── 過度在意他人的言行

近期我們容易對他人的言行過度在意，擔心自己做了什麼讓對方不開心，而自我設限，但這些其實都是你自己的揣摩而已。如果有這方面的顧慮，不妨直接詢問對方，既不用頻頻猜測給自己心理壓力，也可以更明確了解對方的想法而做出更適合的決定。

想要尋找合作對象的朋友，近期將有新的機會值得把握。無須被過去不成功的經歷所牽絆，不如將經驗化為助力，作為當下考量的參考。工作上則要小心，越是常規的工作項目越容易放鬆注意力，而出現嚴重失誤。股票市場則大起大落，可以聽聞某人晉升富豪，也會聽到有人跌落谷底。

飲食方面仍須嚴加注意衛生問題，如有遠方進口的食材，運送過程中的保存方式、運輸時效、儲存環境、是否有被污染等等情況，都需要投以更多的關注。

18 MON
初九

19 TUE
初十

20 WED
春分

太陽▶牡羊座
月亮▶獅子座

02:52 — 03:32

21 THU
十一

22 FRI
十三

月亮▶處女座

14:33 — 15:41

23 SAT
十四

火星▶雙魚座

24 SUN
十五

23:49 —

03 MARCH 2024

25 MON
十六

○天秤座滿月（月食）

月亮▶天秤座 　　　　　　　　　　　　　　　　　　　　　　　　—04:37

26 TUE
十七

27 WED
十八

月亮▶天蠍座 　　　　　　　　　　　　　　　　　　　　　　　07:08 — 17:02

28 THU
十九

29 FRI
二十
青年節

23:39 —

30 SAT
廿一

月亮▶射手座 　　　　　—03:51

31 SUN
廿二
復活節

3 月 25 日

天秤座月食——兩人間的磨合與考驗

事業上的合作夥伴，無論再怎麼合拍，關於人生的規畫總是會有不同，
進而影響到對於事物的價值認定，近日將會因此而產生許多需要磨合
的地方。特別是金錢使用的決定，當發生虧損失利、開始算起往日的
帳，將導致關係進入緊張的局面。

伴侶之間的親密感也再次受到考驗。從日常開銷誰負擔得多、誰出錢
得少，到彼此信任感的議題，都可以成為口角爭執的起因。如果願意
面對自己的內心，將會發現所有的指責，都源自自認受到委屈而產生
的不甘。有時候，再親密、熟悉的伴侶，也無法真正覺察到另一半一
舉一動間的所有情緒變化。當心中有強烈的情緒時，開心也好憤怒也
罷，適當地說出來，對方才能夠明白。

生活中則持續受到各種病毒的影響，抱持平常心但仍有危機意識，才
是共處之道。

04 APRIL 2024

1 MON
廿三

愚人節

月亮▶摩羯座　　　　　　　　　　　　　　　　　　08:15 — 12:05

2 TUE
廿四

水星逆行 in 牡羊座

3 WED
廿五

月亮▶水瓶座　　　　　　　　　　　　　　　　　　13:40 — 17:07

4 THU
清明

清明節、兒童節

5 FRI
廿七

清明補假

金星▶牡羊座
月亮▶雙魚座　　　　　　　　　　　　　　　　　　13:39 — 19:12

6 SAT
廿八

7 SUN
廿九

月亮▶牡羊座　　　　　　　　16:26 — 19:24

4月2日

水星逆行於牡羊座——人際溝通上的專斷獨行

受到水星在牡羊的影響，我們很容易從自身的角度去看待生活中的人與事。遇到不滿意的情況也會很直覺地做出反應，忘了要多一些同理心或站在對方的立場思考，處理得不夠圓融。直言不諱的個性也很可貴，但隨著人生閱歷增加，不傷害他人內心地去表達更是成熟的象徵。否則在不知不覺中無意得罪了他人，也將造成人際互動上的阻礙。

一見到伴侶，也只想到自己對工作、同事的不滿，不停地抱怨吐苦水，卻忘記另一半也需要被關心跟問候。原本以為能得到對方的呵護，卻沒想到兩人因此而鬧得不愉快。

近期也容易有突發狀況，導致資料、電腦毀損等。無論是學習或工作上所需的資料，除了存放在雲端外，最好能夠有第二項備份的方案或應變措施，才不至於慌了手腳。

8 MON
三十

水星逆行

9 TUE
三月

●牡羊座新月（日食）

月亮▶金牛座 ｜10:38 — 19:23｜

10 WED
初二

11 THU
初三

月亮▶雙子座 ｜18:03 — 20:58｜

12 FRI
初四

13 SAT
初五

｜22:45 —｜

14 SUN
初六

月亮▶巨蟹座 ｜— 01:44｜

4月9日

牡羊座日食 —— 新變化出現

經濟及財務方面將出現重大變化,可能有新的措施出現,直接或間接影響到我們的生活。雖然出現了不同的聲音,卻無法改變既定的事實,只能快速適應新的變化,讓衝擊與影響程度降到最低。

近期也可能因為一時情緒高亢而衝動刷卡消費、參與朋友合夥的邀約,抑或是跟風參與投資,但是等情緒緩和下來之後,才懊惱反悔,卻早已被困於其中。在做出決定之前,多幾分理性的判斷,可以避免掉許多麻煩困擾。

我們來到一個需要替健康埋單的時刻,過去所累積下來的疲勞、不良生活習慣、沒有真正調理好的疾病,都可能引發更嚴重的健康危機。當出現嚴重的過敏或持續低燒不斷的情況,更是身體在發出求救警告,千萬不要置之不理。如有家族遺傳性疾病也需要多加關注,定期追蹤檢查,不要掉以輕心。

15 MON
初七

水星逆行

16 TUE
初八

月亮▶獅子座   07:22 — 10:23

17 WED
初九

18 THU
初十

月亮▶處女座   20:02 — 22:10

19 FRI
穀雨

太陽▶金牛座

20 SAT
十二

21 SUN
十三

月亮▶天秤座   08:19 — 11:08

04 APRIL 2024

22 MON
十四

水星逆行

23 TUE
十五

月亮▶天蠍座　　07:23 — 23:19

24 WED
十六

○天蠍座滿月

25 THU
十七

水星回復順行 in 牡羊座

26 FRI
十八

月亮▶射手座　　07:16 — 09:36

27 SAT
十九

28 SUN
二十

月亮▶摩羯座　　15:30 — 17:37

29 MON
廿一

金星▶金牛座

30 TUE
廿二

火星▶牡羊座
月亮▶水瓶座

23:18 — 23:19

1 WED
廿三
勞動節

2 THU
廿四

17:28 —

3 FRI
廿五

冥王星逆行 in 水瓶座
月亮▶雙魚座

— 02:51

4 SAT
廿六

5 SUN
立夏

月亮▶牡羊座

03:06 — 04:40

5月3日

冥王星逆行於水瓶座——無以名狀的擔憂

表面上看起來，一切事物都按部就班進行中，但是內心卻有説不出的焦慮，彷彿隨時都可能有意外情況出現，進而造成嚴重的影響。當這樣的念頭揮之不去時，可以提醒自己，只要做好該做的事情，在危害真正發生之前不如放下擔憂，先好好享受眼前的時光。

眼看著身邊有伴的朋友時時放閃，讓目前單身的人兒再次興起了要找個對象的念頭。如果想以結婚為前提，可以多觀察對方跟家人互動的方式，畢竟風花雪月的戀愛是一回事，日後兩個人要一起過的日子才是實際的生活。

新型病菌，可能對身體特別是脖子、喉嚨等器官造成影響，多多調整生活作息，做出徹底的改變，讓身體更健康。航空業或國際旅遊時也要更加留意安全。

05 MAY 2024

6 MON
廿八

13:57 —

---

7 TUE
廿九

月亮▶金牛座

— 05:42

---

8 WED
四月

●金牛座新月

---

9 THU
初二

月亮▶雙子座

05:55 — 07:20

---

10 FRI
初三

---

11 SAT
初四

月亮▶巨蟹座

09:48 — 11:12

12 SUN
初五

母親節、護師節

05 MAY 2024

13 MON 初六

月亮▶獅子座　　　　　　　　　　　　　17:12 — 18:36

14 TUE 初七

15 WED 初八

16 THU 初九

水星▶金牛座
月亮▶處女座　　　　　　　　　　　　　00:41 — 05:32

17 FRI 初十

18 SAT 十一

月亮▶天秤座　　　17:08 — 18:22

19 SUN 十二

23:48 —

05 MAY 2024

20 MON
小滿

太陽 ▶ 雙子座

整日月空

21 TUE
十四

月亮 ▶ 天蠍座

— 06:34

22 WED
十五

23 THU
十六

○射手座滿月

月亮 ▶ 射手座

15:27 — 16:24

24 FRI
十七

金星 ▶ 雙子座

25 SAT
十八

月亮 ▶ 摩羯座

22:47 — 23:35

26 SUN
十九

木星 ▶ 雙子座

5 月 26 日

木星進入雙子座——溝通、交流更豐富多元

想要跟朋友們分享自己想法的意願與機會大增,當然,對方也是如此。我們將見到社群網站上分享的內容更加多樣化;而透過這樣的方式,資訊的交流也更迅速地傳遞。在每日海量的訊息中,真真假假參雜在一起,需要非常理性地分辨真偽。不能因為是朋友傳來的消息就全盤接受,很可能對方也忽略了查證的動作。

透過網路,學習進修的管道也更為豐富。許多過去一定要以實體課程來互動的領域,也可以找到可以隔空交流的方法。演藝圈、藝術界以及宗教界的八卦依舊是人們耳語的重心,對於上述領域的參與度也更加密切。例如,過去認為非常崇高、遙遠的藝術項目,也能以很接地氣的方式跟大家互動,讓更多的人體會其中的美好;又或是參與表演的機會大增,人人都可找到屬於自己的成名一瞬間。

05 MAY 2024 | 06 JUNE 2024

27 MON
二十

28 TUE
廿一

月亮▶水瓶座 | 04:01 — 04:44 |

29 WED
廿二

| 22:19 — |

30 THU
廿三

月亮▶雙魚座 | — 08:32 |

31 FRI
廿四

1 SAT
廿五

月亮▶牡羊座 | 10:54 — 11:28 |

2 SUN
廿六

3 MON
廿七

水星▶雙子座
月亮▶金牛座

`06:03 — 13:55`

4 TUE
廿八

5 WED
芒種

月亮▶雙子座

`16:08 — 16:36`

6 THU
五月

●雙子座新月

7 FRI
初二

月亮▶巨蟹座

`20:15 — 20:40`

8 SAT
初三

9 SUN
初四

火星▶金牛座

10 MON
初五

端午節

月亮▶獅子座　　　　　　　　　　　　　　　　　　　03:05 — 03:28

11 TUE
初六

12 WED
初七

月亮▶處女座　　　　　　　　　　　　　　　　　　　03:16 — 13:38

13 THU
初八

14 FRI
初九

15 SAT
初十

月亮▶天秤座　　　　　01:53 — 02:12

16 SUN
十一

17 MON
十二

金星▶巨蟹座
水星▶巨蟹座
月亮▶天蠍座   `14:05 — 14:37`

18 TUE
十三

19 WED
十四

20 THU
十五

月亮▶射手座   `00:18 — 12:31`

21 FRI
夏至

太陽▶巨蟹座

22 SAT
十七   ○摩羯座滿月

月亮▶摩羯座   `06:58 — 07:08`

23 SUN
十八

6月22日

摩羯座滿月──意見不合，未來規畫不再相同

戀情陷入了一種角力拉扯中。可能一方有了成家的念頭，另一方則認為現階段應該要以事業為重，一時之間兩人對於感情的走向產生了截然不同的想法。想成家的人開始動之以情，要拚事業的人則述之以理。兩人能夠理性溝通已經算是好事，常常講不到幾句就有人翻臉走人；此時若再將雙方家人牽扯進來，只會讓問題更加複雜。

事業合作夥伴間，也是一方認為要趁目前的時機大膽衝一波，先將機會財賺到手，其他的以後再說；另一方則認為口碑建立不容易，只要一步踏錯就會全盤被否定，應該要更加謹慎走好每一步。其實也沒有誰對誰錯的問題，就是對於未來的方向規畫不一致。有時候太在意他人看法，不見得有加分的幫助，看清楚所處產業的整體動態，有助於做出更妥適的決定。

24 MON 十九

月亮▶水瓶座　　　　　　　　　　　　　　　　　　11:05 — 11:14

25 TUE 二十

26 WED 廿一

月亮▶雙魚座　　　　　　　　　　　　　　　　　　06:29 — 14:07

27 THU 廿二

28 FRI 廿三

月亮▶牡羊座　　　　　　　　　　　　　　　　　　16:44 — 16:51

29 SAT 廿四

30 SUN 廿五

土星逆行 in 雙魚座
月亮▶金牛座　　　　　　　　　　　　　　　　　　12:56 — 20:00

6 月 30 日

土星逆行於雙魚座——領導者的迷航

人們期待領導階層能夠有所作為，沒想到漂亮的口號終究只是口號，讓人想要大聲吶喊：不要再畫餅了！口袋空空的我們真的買不起也吃不下。而各界領導階層對於要帶領大家往哪走、怎麼走都陷入了迷航的局面。如果從想法上找不出頭緒，自然無法呈現出有實益的具體規畫，也使得許多人心中醞釀著不滿的情緒。這樣的情緒如果沒有得到重視及有效抒發來緩解，就像沒有做好清創的傷口，只是在最上層不停換上漂亮圖案的 ok 繃，傷口終將潰爛而成為大問題。

新興的投資方式如虛擬貨幣，或是當下更新穎的題材，要小心榮景只是曇花一現，衝得最快的人或許可以賺到令人羨慕的財富，但更多投資者可能落得哭訴無門的境地。記住：不要盲從保平安。

07 JULY 2024

1 MON
廿六

2 TUE
廿七

水星▶獅子座
海王星逆行 in 雙魚座
月亮▶雙子座   23:42 — 23:50

3 WED
廿八

4 THU
廿九

5 FRI
三十

月亮▶巨蟹座   04:43 — 04:51

6 SAT
小暑   ●巨蟹座新月

7 SUN
初二

月亮▶獅子座   11:47 — 11:55

7月2日
海王星逆行於雙魚座──提防受騙上當

下半年我們要提防大型的詐騙行為，越是自信滿滿認為不可能被騙的人，越是此時的高風險族群。高階的欺騙者不是以三言兩語拐騙你上當，而是從信仰、信念切入，慢慢以洗腦的方式讓人深信不疑。真真假假的話語讓人覺得很有道理，但又説不出哪裡怪怪的。所以跟任何人相處、聽聞任何訊息，只要心中出現質疑的聲音，無論多麼微弱都不要忽視它。寧可花一些時間多方確認，再做進一步的決定。

健康的議題從年初就須注意，然而逢海王星在雙魚座逆行的時刻，不只病菌、病毒將再次影響日常生活，精神層面的種種狀況更需要我們細膩去觀察。除了身體層面外，我們也需要提升精神層面的免疫力，給予心靈真正正向、有營養的滋養。

8 MON
初三

9 TUE
初四

月亮▶處女座 `14:03 — 21:47`

10 WED
初五

11 THU
初六

12 FRI
初七

金星▶獅子座
月亮▶天秤座 `09:54 — 10:06`

13 SAT
初八

14 SUN
初九

月亮▶天蠍座 `06:48 — 10:52`

15 MON
初十

16 TUE
十一

17 WED
十二

月亮▶射手座 | 09:10 — 09:24

18 THU
十三

19 FRI
十四

月亮▶摩羯座 | 15:58 — 16:13

20 SAT
十五

21 SUN
十六   ○摩羯座滿月

火星▶雙子座
月亮▶水瓶座 | 19:26 — 19:42

7月21日

火星進入雙子座——手足間的衝突

近期我們可能需要處理兄弟姊妹之間的口角衝突。過去礙於家人情面而隱忍不發，對旁人來說也只是一件小事情，但在最近可能引燃，爆發口角爭執或肢體衝突，甚至是走上法律途徑來解決。我們也會遇到工作上的夥伴，觀看事情的角度跟我們不同。不妨當作腦力激盪與學習的機會，從不同的角度來做事，有助於找到雙方都滿意的平衡點。

而因資源有限，想要獲取最大利益，就難以兼顧彼此的情誼，導致鄰居間、競爭對手間、鄰國之間出現激烈的競爭。如果只是檯面上的公平競爭也就罷了，最怕對手在暗地裡做些手腳，讓比賽還沒開始就已經決定了結局。

從多年朋友變成情人，或是從戀人恢復為朋友的故事，也在生活中頻頻出現。無須對他人的決定下斷論，給予真誠的祝福就已經足夠。

22 MON
大暑

太陽▶獅子座

23 TUE
十八

月亮▶雙魚座　17:58 — 21:22

24 WED
十九

25 THU
二十

月亮▶牡羊座　22:31 — 22:52

26 FRI
廿一

水星▶處女座

27 SAT
廿二

06:14 —

28 SUN
廿三

月亮▶金牛座　— 01:22

07 JUNE 2024 | 08 AUGUST 2024

29 MON
廿四

30 TUE
廿五

月亮▶雙子座 | 04:59 — 05:27

31 WED
廿六

1 THU
廿七

月亮▶巨蟹座 | 10:46 — 11:19

2 FRI
廿八

3 SAT
廿九

月亮▶獅子座 | 18:31 — 19:09

4 SUN
七月 ●獅子座新月

5 MON
初二

水星逆行in處女座

金星▶處女座

23:16 —

---

6 TUE
初三

月亮▶處女座

— 05:16

---

7 WED
立秋

---

8 THU
初五

父親節

月亮▶天秤座

16:40 — 17:31

---

9 FRI
初六

---

10 SAT
初七

七夕情人節

05:44 —

---

11 SUN
初八

月亮▶天蠍座

— 06:33

8月5日

水星逆行於處女座——留意資訊的正確性

行運的水星在自己守護的星座逆行，需要我們認真以待。手機、平板與電腦裡的重要照片、資料，最好在逆行之前提前做好備份，別偷懶。萬一忘記、且逆行已經開始，就擱下它，不要再做多餘的操作喔。

工作上涉及到的聯繫，建議多做幾次確認與通知，避免遺漏。例如：寄發信件的對象、拜訪客戶的預約、部門開會的通知、需要提醒長官的行程等。涉及到數字的內容也務必謹慎檢查，若出現少個0多個0，或是其他誤寫的情況，後續就麻煩了。需要完成工作的日期也要設定好提醒，以免記錯時間。此類的失誤若被公告周知，很糗也會損及專業形象。

最後，網路購物及各種交易買賣最好避開水逆期間，否則請留意相關數額、地址等資訊的正確性。

08 AUGUST 2024

12 MON
初九

水星逆行

13 TUE
初十

月亮▶射手座　　　　　　　　　　　　　17:00 — 18:00

14 WED
十一

15 THU
十二

水星逆行▲獅子座

16 FRI
十三

月亮▶摩羯座　　　　　　　　　　　　　00:52 — 01:51

17 SAT
十四

18 SUN
十五
中元節

月亮▶水瓶座　　　　　04:43 — 05:44

19 MON
十六

水星逆行

20 TUE
十七

○水瓶座滿月

月亮▶雙魚座　02:25 — 06:51

21 WED
十八

22 THU
處暑

太陽▶處女座
月亮▶牡羊座　05:53 — 07:01

23 FRI
二十

20:44 —

24 SAT
廿一

月亮▶金牛座　— 08:00

25 SUN
廿二

8 月 20 日

水瓶座滿月——國際情勢緊張

今日除了水瓶座滿月之外，行運的木星與土星也形成緊密的四分相。近日國際關係的緊張，依舊是眾人關注的焦點。各國之間權力、利益的競爭，或是為了捍衛名譽而不得不為之的奮戰，讓人擔心各種摩擦是否會在轉瞬間演變為激烈的衝突。

連帶物價飛漲的問題也隨之出現，影響到每個人的生活。先不論名牌奢侈品已經瘋漲，就算是採買日常生活用品也會非常有感。

如此的狀態下，反而使得消費市場更加活絡。抱持著開心一天是一天的想法，眾人不停吃吃吃、買買買。重視自己的心情與及時享受人生，當然也是愛自己的表現，關鍵在於尺度的拿捏，適度享受有益於身心，可一旦過度，甚至到了近乎上癮的狀態，對於身體健康及財務狀況都可能造成傷害。

26 MON
廿三

水星逆行

月亮▶雙子座　　　　09:40 — 11:03

27 TUE
廿四

28 WED
廿五

月亮▶巨蟹座　　　　15:13 — 16:47

29 THU
廿六

水星回復順行 in 獅子座

金星▶天秤座

30 FRI
廿七

23:24 —

31 SAT
廿八

月亮▶獅子座　　　　— 01:09

1 SUN
廿九

天王星逆行 in 金牛座

154

2 MON
三十

冥王星逆行◀摩羯座
月亮▶處女座

`08:24 — 11:48`

3 TUE
八月

●處女座新月

軍人節

4 WED
初二

5 THU
初三

火星▶巨蟹座
月亮▶天秤座

`00:06 — 00:11`

6 FRI
初四

7 SAT
白露

月亮▶天蠍座

`13:08 — 13:18`

8 SUN
初六

9月2日

冥王星退行至摩羯座──退回內心沉潛打磨

五月初開始逆行的冥王星，在今日退行至摩羯座。那些過去運用權力、地位所掩蓋、隱藏起來的劣跡，將無法繼續得逞，無可逃避地需要為自己過往種種言行擔負起責任。

我們也會減少不必要的社交應酬，花更多時間與自己相處。表面上個個都是宅男宅女，但進一步去觀察，有些族群其實沉溺在網路虛擬世界裡，擁抱美好的幻境，迷失了真實的自我。也有些朋友，利用這樣難得沉潛的機會，做更深入的自我內在探索，挖出不愉快的回憶進而淨化心靈。徹底洗滌、打掃除之後，就可以迎接全新又清淨的自在人生。

當覺得焦慮不安，找不到可以抓住的浮木時，不妨透過閱讀占星學、心理學、命理資訊，亦或是經典古文，藉由先人的智慧可以找到安身立命的力量。

9 MON
初七

水星▶處女座

10 TUE
初八

月亮▶射手座 | 01:11 — 01:25

11 WED
初九

12 THU
初十

月亮▶摩羯座 | 08:20 — 13:37

13 FRI
十一

14 SAT
十二

月亮▶水瓶座 | 15:34 — 15:53

15 SUN
十三

9
月

16 MON
十四

月亮▶雙魚座 `13:03 — 17:38`

17 TUE
十五
中秋節

18 WED
十六

○雙魚座滿月（月食）

月亮▶牡羊座 `17:02 — 17:23`

19 THU
十七

20 FRI
十八

月亮▶金牛座 `16:38 — 17:02`

21 SAT
十九

22 SUN
秋分

太陽▶天秤座
月亮▶雙子座 `18:13 — 18:24`

9 月 18 日

雙魚座月食——家庭與事業的兩難

近期我們容易陷入家庭與事業的兩難。工作上因為人力精簡的緣故，日常工作量大幅增加，已經讓伴侶有些情緒，若再遇到家庭事務需要處理又分不開身，兩人之間的衝突一觸即發。嚴重時，將可能因為意氣用事而決定分開。

由於思緒混亂，我們也會開始質疑自己過去的決定是否正確，而放緩追逐理想的腳步，重新整頓自己的思緒。除了理想目標之外，建議兼顧現實環境的考量，這麼一來調整之後才能走得更踏實且長久。

就像流行的梗圖，財神廟內萬頭攢動，月老門前無人問津，我們仍將重心放在耕耘事業、累積財富上，暫時無心好好經營感情。要嘛拒絕戀愛選擇單身，無後顧之憂，隨時可以加班出差配合老闆的決定；又或是談著不用負責任的戀愛，雙方你情我願，只要享受當下，絕對不講天長地久。

23 MON
廿一

金星 ▶ 天蠍座

24 TUE
廿二

月亮 ▶ 巨蟹座　　　　　　　　　　　　19:58 — 22:49

25 WED
廿三

26 THU
廿四

水星 ▶ 天秤座

27 FRI
廿五

月亮 ▶ 獅子座　　　　　　　　　　　　06:12 — 06:47

28 SAT
廿六
教師節

29 SUN
廿七

月亮 ▶ 處女座　　　　　11:35 — 17:41

30 MON
廿八

1 TUE
廿九

2 WED
三十

月亮▶天秤座 `05:38 — 06:19`

3 THU
九月　　　　　　　　　　　　　　　　　　●天秤座新月（日食）

4 FRI
初二

月亮▶天蠍座 `18:40 — 19:22`

5 SAT
初三

6 SUN
初四

10 月 3 日

天秤座日食──伴侶關係的進展或決裂

與其在意這紛紛擾擾的世事，不如先做好自己的投資理財更為實際，這是近期許多人的想法。但無論外匯、股市還是虛擬貨幣市場，在百花齊放的表象之下，隨時都有崩塌的可能，要小心別成為最後一隻被坑的老鼠。

伴侶關係將迎來重大發展。在經過深思熟慮且做好準備後，可能決定攜手共度人生；或是雖然交往多年，但發現離開路更寬而決定分手。看起來兩者境遇截然不同，事實上都是一種關係的突破。想要改善目前與另一半互動的狀態，與其期待對方有什麼反應，不如停止等待對方，先從自己做起，兩人的互動將會有很大的轉變。

公司或政府機關的政策，可能出現突然且重大的改變，影響到日常生活。例如：上下班時間有變更，連帶需要調整出門的時間，進而全家的作息都跟著改變。

7 MON
初五

月亮▶射手座　　　　　　　　　　　　　　　06:52 ― 07:34

8 TUE
寒露

9 WED
初七

木星逆行 in 雙子座
月亮▶摩羯座　　　　　　　　　　　　　　　13:53 ― 17:38

10 THU
初八
國慶日

11 FRI
初九
重陽節

23:53 ―

12 SAT
初十

冥王星回復順行 in 摩羯座
月亮▶水瓶座　　　　　　　　― 00:31

13 SUN
十一

22:11 ―

10 月 9 日
木星逆行於雙子座——不同意見帶來的傷害

近期，我們將遇到不同的意見。我們可以把這些話語視為思想上的撞擊，但如果一再遭到否定，難免開始不自信、自我懷疑，也使得我們在職場或人際互動上，就算有什麼想法出現，也感到退縮，不會輕易說出心裡話。

為了避免這樣的情況出現，就要避免不經大腦的直覺式反應。話說到嘴邊，多停留幾秒鐘想一下，有沒有考慮到現實？想法是不是太理想化了？想轉述消息時，也可以先想一下是否合乎邏輯，經過查證之後再做分享。

這段時間，長期相信的人與真理，也可能受到考驗。以為飲食清淡而瘦身成功的朋友，事實上是透過藥物協助；滿口真理道德的人，私底下卻是截然不同的模樣，這些都會對我們的內心產生很大的震撼，卻也是重新建立新信念的時刻。

14 MON 十二

水星▶天蠍座
月亮▶雙魚座

一 03:55

15 TUE 十三

16 WED 十四

月亮▶牡羊座

04:00 — 04:34

17 THU 十五

○牡羊座滿月

18 FRI 十六

金星▶射手座
月亮▶金牛座

03:26 — 03:59

19 SAT 十七

20 SUN 十八

月亮▶雙子座

03:33 — 04:07

21 MON
十九

22 TUE
二十

月亮▶巨蟹座 `04:59 — 06:49`

23 WED
霜降

太陽▶天蠍座

24 THU
廿二

月亮▶獅子座 `12:47 — 13:23`

25 FRI
廿三

26 SAT
廿四

月亮▶處女座 `16:03 — 23:47`

27 SUN
廿五

28 MON
廿六

29 TUE
廿七

月亮▶天秤座   11:54 — 12:29

30 WED
廿八

31 THU
廿九

萬聖節

1 FRI
十月

●天蠍座新月

月亮▶天蠍座   00:57 — 01:29

2 SAT
初二

3 SUN
初三

水星▶射手座
月亮▶射手座   12:51 — 13:19

11 NOVEMBER 2024

4 MON
初四

火星▶獅子座

5 TUE
初五

月亮▶摩羯座　　　　　　　　　　　　　　　　　　　　18:23 — 23:17

6 WED
初六

7 THU
立冬

8 FRI
初八

月亮▶水瓶座　　　　　　　　　　　　　　　　　　　　06:37 — 06:57

9 SAT
初九

10 SUN
初十

月亮▶雙魚座　　　　08:23 — 11:59

11 MON
十一

12 TUE
十二

金星▶摩羯座
月亮▶牡羊座

14:13 — 14:25

13 WED
十三

14 THU
十四

月亮▶金牛座

14:49 — 14:58

15 FRI
十五

土星回復順行 in 雙魚座

16 SAT
十六

○金牛座滿月

月亮▶雙子座

15:02 — 15:08

17 SUN
十七

18 MON
十八

月亮▶巨蟹座 `12:08 — 16:49`

19 TUE
十九

20 WED
二十

冥王星▶水瓶座
月亮▶獅子座 `19:19 — 21:50`

21 THU
廿一

22 FRI
小雪

太陽▶射手座 `21:14 —`

23 SAT
廿三

月亮▶處女座 `— 07:00`

24 SUN
廿四

11 月 20 日

冥王星進入水瓶座 ——共享共榮的新時代

冥王星正式進入水瓶座，下次更換星座要等到 2043 年 3 月 9 日冥王星進入雙魚座。

想像整條街道都要進行都市更新，唯有一間釘子戶不肯配合，等到被放棄而街道更新完工之後，那唯一的釘子戶無法享有新穎舒適的居住空間，也難以獨自談到好的價格。冥王星位於水瓶座，讓我們學習拋下過度的自我成見與本位主義，尋求共享共榮的目標，才能走向未來更新、更好的生活。

科技產業也將出現震撼性的躍進。所謂的天涯若比鄰，不只是透過網路可以達成，過去對於「遠近」、「距離」等認知都可能被顛覆。大者恆大的概念橫掃各領域，無法衝到業界前茅者，只能等待被併吞或消滅的命運。

空氣與水源的污染，也不再只是離我們遙遠的新聞報導，而將成為切身影響每天生活、健康甚至是生命存亡的議題。

25 MON
廿五

月亮▶天秤座 | 13:34 — 19:19

26 TUE
廿六

水星逆行 in 射手座

27 WED
廿七

17:14 —

28 THU
廿八
感恩節

月亮▶天蠍座 | — 08:20

29 FRI
廿九

30 SAT
三十

月亮▶射手座 | 14:18 — 19:52

1 SUN
十一月

●射手座新月

11 月 26 日

水星逆行於射手座——留意旅遊細節

水星將展開今年度第三次的逆行。我們紛紛想利用剩餘的年假，計畫一場長途旅行。可以選擇口碑良好的旅行社，確保行程與過程中餐飲住宿的品質；就算費用稍微高一些，慰勞自己一年來的辛苦努力也是很不錯的。自由行的朋友，建議對行程及住宿的訂定多加確認，以免到了外地才發現有狀況，手忙腳亂的應變之外，破壞好心情又留下不完美的回憶。

這段時間朋友圈也容易有「戰火」，在輕微摩擦與嚴重怒火之間擺盪。如果你想扮演協調者的角色，小心公親變事主，需要處理棘手的問題，不僅吃力還沒有人感謝，讓人感嘆到底為誰辛苦為誰忙。不如趁此機會整理一下朋友圈，如果大家的價值觀差異越來越大，或總有朋友散發強烈負能量，無須刻意迎合對方，拉開彼此的距離才是真正愛自己。

12 DECEMBER 2024

2 MON
初二

水星逆行

23:47 —

3 TUE
初三

月亮▶摩羯座

— 05:08

4 WED
初四

5 THU
初五

月亮▶水瓶座

07:34 — 12:21

6 FRI
大雪

7 SAT
初七

金星▶水瓶座
火星▶（逆）獅子座
月亮▶雙魚座

08:01 — 17:48

8 SUN
初八

海王星回復順行 in 雙魚座

12 月 7 日

火星逆行於獅子座——合夥衝突發生

近期合作夥伴間將衝突不斷,紛紛上演拆夥事件。能夠將出資與獲利分割清楚,好聚好散已經是好的結局;有些合夥事業可能發覺帳目不清、用人不當等情況,衍生出更多衝突。

我們也可能在此時對另一半產生些許的不安全感,而希望將兩人的財務大權抓在手中。這時就要運用技巧與智慧,否則不高明的做法,只會讓另一半覺得不被信任,而在無形中把你推得更遠。

種種生存危機依舊是近日讓人憂慮的事。相關的文章討論或影片,無論內容是認真討論還是亂拼亂湊,不管個人是喜歡或嗤之以鼻,都擁有很高的點閱率,販賣恐懼依然是一門好生意。還是提醒各位增廣見聞多看看,同時保持自己的理性判斷,才能優遊於江湖。

12 DECEMBER 2024

9 MON
初九

月亮▶牡羊座　　　　　　　　　　　　　　　　　　　　　　　　　　水星逆行　16:44 — 21:37

10 TUE
初十

11 WED
十一

月亮▶金牛座　　　　　　　　　　　　　　　　　　　　　　　　　　06:13 — 23:54

12 THU
十二

13 FRI
十三

20:39 —

14 SAT
十四

月亮▶雙子座　　　　　　　　　　　— 01:21

15 SUN
十五　　　　　　　　　　○雙子座滿月

22:31 —

12 月 8 日

海王星順行於雙魚座——探索心靈世界

海王星恢復順行，並且未來將在 2025 年 3 月 30 日更換星座。在這海王星位於雙魚座的最後階段，我們將會看見高調談論因果業力，實際上卻完全反其道的人，依舊占據了主要版面。各個領域的大師們紛紛發功，展現「神蹟」。號稱能通靈的人越來越多，要如何考證接通的是什麼樣的「靈」，就憑個人智慧的判斷。

這段時間，我們適合透過藝術及宗教來探索心靈世界，可以有很深刻的啟迪。把握好機會，讓心智提升到另一個境界吧。

有潛水經驗的朋友都知道，下沉時放慢呼吸是非常重要的事。如果因為緊張而換氣過於急促，瓶內的氧氣很快就消耗完了。將呼吸的頻率在安全範圍內放到最慢，就可以有更久的時間欣賞海中的風景。精神世界亦是如此，基於恐懼與害怕，無法在任何層面得到提升；安心與寧靜，才能看到更深刻、更美麗的風景。

16 MON
十六

水星回復順行
in 射手座

月亮▶巨蟹座

─ 03:21

17 TUE
十七

18 WED
十八

月亮▶獅子座

02:33 ─ 07:39

19 THU
十九

20 FRI
二十

月亮▶處女座

13:19 ─ 15:36

21 SAT
冬至

太陽▶摩羯座

22 SUN
廿二

21:27 ─

23 MON
廿三

月亮▶天秤座 　　　　　　　　　　　　　　　　　　　　　　　　　　— 03:07

24 TUE
廿四
平安夜

　　　　　　　　　　　　　　　　　　　　　　　　　　18:43 —

25 WED
廿五
聖誕節

月亮▶天蠍座 　　　　　　　　　　　　　　　　　　　　　　　　　　— 16:06

26 THU
廿六

27 FRI
廿七

　　　　　　　　　　　　　　　　　　　　　　　　　　22:23 —

28 SAT
廿八

月亮▶射手座 　　　　　　　　— 03:46

29 SUN
廿九

12 DECEMBER 2024 | 01 JANUARY 2025

30 MON
三十

月亮▶摩羯座 | 07:34 ─ 12:37

31 TUE
十二月

●摩羯座新月

1 WED
初二
元旦

2 THU
初三

3 FRI
初四

4 SAT
初五

5 SUN
初六

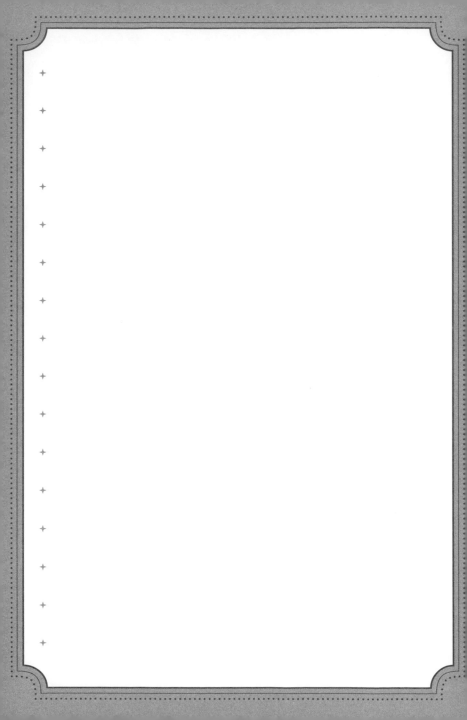

2024 占星手帳
Astrology Schedule Book

作　　　者／Amanda
責任編輯／何寧

版權行政暨數位業務專員／陳玉鈴
資深版權專員／許儀盈
行銷企劃／陳姿億
業務協理／范光杰
總編輯／王雪莉

發　行　人／何飛鵬
法律顧問／元禾法律事務所 王子文律師
出　　版／春光出版
　　　　　城邦文化事業股份有限公司
　　　　　台北市 104 民生東路二段 141 號 8 樓
　　　　　電話：(02)25007008　　傳真：(02)25027676
發　　行／英屬蓋曼群島商家庭傳媒股份有限公司城邦分公司
　　　　　台北市民生東路二段 141 號 11 樓
　　　　　書虫客服服務專線：02-25007718・02-25007719
　　　　　24 小時傳真服務：02-25001990・02-25001991
　　　　　服務時間：週一至週五 09:30-12:00・13:30-17:00
　　　　　郵撥帳號：1986381　　戶名：書虫股份有限公司
　　　　　讀者服務信箱 E-mail：service@readingclub.com.tw
　　　　　歡迎光臨城邦讀書花園 網址：www.cite.com.tw
香港發行所／城邦（香港）出版集團有限公司
　　　　　香港灣仔軒尼詩道 235 號 3 樓
　　　　　電話：(852) 25086231　　傳真：(852) 25789337
　　　　　email：hkcite@biznetvigator.com
馬新發行所／城邦（馬新）出版集團【Cite(M)Sdn. Bhd.】
　　　　　41, Jalan Radin Anum, Bandar Baru Sri Petaling,
　　　　　57000 Kuala Lumpur, Malaysia.
　　　　　電話：(603) 90578822　　傳真：(603) 90576622

封面設計／Kanei　內頁排版／芯澤有限公司
印　　刷／高典印刷有限公司

■ 2023 年（民 112）9 月 7 日初版一刷　　　Printed in Taiwan

售價／720 元

城邦讀書花園
www.cite.com.tw

國家圖書館出版品預行編目資料

占星手帳. 2024：一手掌握水逆、月相、全年星座運勢 / Amanda著. -- 初版. -- 臺北市：春光出版，城邦文化事業股份有限公司出版：英屬蓋曼群島商家庭傳媒股份有限公司城邦分公司發行, 民111.08
面；　公分
ISBN 978-986-5543-97-6 (精裝)

1.CST: 占星術

292.22　　　　　　　　　　　111012039

作者簡介

Amanda

法律系畢業，曾任職上市公司法務十多年。現為專業占星師、塔羅占卜師，從事相關教學工作，並擔任節目《命運好好玩》星座老師、ELLE雜誌每月星座專欄主筆。

研究塔羅牌、占星學、東西洋神祕學近二十年，師承「國際占星學院Academy of Astrology」魯道夫老師，並受教於Sue Tompkins、Melanie Reinhart、Lynn Bell、Brian Clark、Lon Milo DuQuette等多位世界級大師。

認為了解人生的地圖，仍需自行穿越生命的每個路口，沒有人能夠替代你。但是，可讓你明白目前一個路段為什麼會跌倒、看到未來的路口是紅燈還是綠燈、知道自己攜帶了哪些行李、目前正站在何處，對於將來路途所遭遇到的各種狀況，能夠想清楚如何面對。

FB 粉絲團：
Amanda 的星空

新浪微博

個人網站／ Blog

國際占星研究院
FB 粉絲團

個人資料

Name

Address ☐☐☐

Mobile   Fax

Phone

Email

Office

若拾獲這本手帳，請與上述的人聯絡，非常感謝。